Edle Stille

Die Kunst zu Leben

Niclas Nadebusch

Bibliografische Information der Deutschen Nationalbibliothek: Die Deutsche Nationalbibliothek verzeichnet
diese Publikation in der Deutschen Nationalbibliografie;
detaillierte bibliografische Daten sind im Internet über
http://dnb.dnb.de abrufbar.

© 2020 Niclas Nadebusch
Herstellung und Verlag:
BoD – Books on Demand, Norderstedt

ISBN: 9783751906630

Über den Author:
Niclas Nadebusch, geboren 1998 in Bergisch Gladbach, ist Psychologiestudent und Coach mit den Schwerpunkten Bewusstseinstraining und Selbstliebe. Vor seinem Psychologiestudium war er in der Informatikbranche tätig.
Darüber hinaus ist er bekannt durch Social Media und ist in zahlreichen Extremsportarten zuhause. Doch als er sich 2018 auf die Suche nach Glück, Harmonie und Liebe macht, verändert dies sein Leben. Seine Reise führte ihn in das 10.000 Kilometer entfernte malayische Kuantan. Hier praktizierte er 10 Tage mit Mönchen zusammen Vipassana. Die Erfahrung dieser Zeit lässt Niclas Nadebusch in sein Buch und seine Seminare einfließen.

Inhalt

„Drei Dinge helfen, die Mühseligkeiten des Lebens zu tragen: Die Hoffnung, der Schlaf und das Lachen. "

Immanuel Kant

Vorwort

Vipassanā – ein Fremdwort für viele Europäer. Vipassanā steht für eine der ältesten Meditationstechniken Indiens und bedeutet so viel wie „die Dinge zu sehen, wie sie wirklich sind". Es gilt als die „Kunst zu leben", wurde in Indien vor über 2500 Jahren von Gotama, dem Buddha, wiederentdeckt und von ihm als ein universelles Heilmittel gegen universelle „Krankheiten" gelehrt. Keiner bestimmten Religion zugehörig, strebt diese Technik die vollständige Beseitigung geistiger Unreinheiten und letztendlich das Glück vollkommener Befreiung an. Der Fokus liegt auf der tiefen Wechselbeziehung zwischen Körper und Geist. Durch körperlich gerichtete Achtsamkeit kann sie unmittelbar erfahren werden: Es ist eine Reise zum Ursprung unseres Geistes. Ziel dieser Technik ist, durch geistiges Training tief in sein eigenes Unterbewusstsein zu gelangen, die Wahrheit über sich selbst zu erfahren und dadurch alle Verunreinigungen des Geistes befreien zu können und somit ein Leben voller Harmonie, Liebe und Gleichmut leben zu können. Schon durch das Lernen selbst, sprich durch direkte Erfahrungen, werden Fort- und Rückschritte verständlich. Wer meditiert, lernt, wie Leid entsteht und wie man sich von seinem Leiden befreien kann. Es ist ein Weg der Selbstveränderung durch Selbstbeobachtung.

Satya Narayan Goenka ist Meister und Lehrer dieser Technik. Er ist 1969 von Burma nach Indien gezogen, um dort die Lehre Vipassanās zu verbreiten. Über die Jahre ist die Zahl der Meditationszentren stark gestiegen. Heute gibt es über 200 in mindestens 94 Ländern. Dort wird zehn Tage am Stück täglich elf Stunden meditiert. Dabei müssen die Teilnehmer bestimmte Hauptregeln befolgen:

[1]1. „To abstain from killing any being" (Kein lebendes Wesen töten)
2. „To abstain from stealing" (Nicht stehlen)
3. „To abstain from all sexual activity" (Sich jeglicher sexueller Aktivitäten enthalten)
4. „To abstain from telling lies" (Nicht lügen)
5. „To abstain from all intoxicants" (Keine Rauschmittel jeglicher Art zu sich nehmen).

Für Teilnehmer, die schon einmal einen Kurs besucht haben, gelten noch ein paar zusätzliche Regeln. Essenziell ist, sie einzuhalten – einschließlich der „Edlen Stille", die über die gesamte Kurszeit eingehalten werden soll: Nämlich mit keinem der anderen Teilnehmer zu reden. Selbst Gesten und Mimiken wie Winken oder ein Lächeln sind nicht erlaubt. Es soll so ein Gefühl der Isolation entstehen. Nur so sei es möglich, diese Technik so präzise wie möglich zu erlernen, sagt Goenka. Solange man diese Regeln und den routinierten Tagesablauf einhält, kann jeder daran teilnehmen. Alter und Herkunft, selbst die Religion spielen keine Rolle, wenn man an diesen Kursen teilnehmen möchte. Es ist eine universelle Technik, die für jeden anwendbar ist und für jeden funktioniert, solange man sich darauf einlässt!
Dieses Buch ist lediglich ein Erfahrungsbericht. Ich gehe darin nicht im Detail darauf ein, wie die Vipassanā-Meditation praktiziert wird, es ist keine Anleitung oder Belehrung. Es ist nur meine per-

sönliche Geschichte. Ich erzähle davon, wie ich in diesen zehn Tagen gelebt, welche Erfahrungen ich gemacht habe und zu welchen Erkenntnissen ich gekommen bin. Ich hoffe sehr, Sie lassen sich auf einige meiner Gedankengänge ein und versuchen gelegentlich das „westliche" Denken beiseitezulegen.

Verstehen Sie Vipassanā richtig, werden Sie begreifen, dass die Resultate, die hier erzielt werden, so unterschiedlich sind wie die Menschen selbst. Jeder durchläuft seinen ganz eigenen Kurs. Jeder gewinnt ganz eigene Erkenntnisse über das Leben. Für mich hat diese Technik zu einer kompletten Lebensveränderung geführt. Innerhalb von nur zehn Tagen bin ich von einem Studenten, der auch gerne mal ein Glas zu viel getrunken hat, zu jemandem geworden, der seitdem bewusster und harmonischer lebt. Ich bin mit sehr viel Skepsis in diesen Kurs gegangen. Ja, Vipassanā hat es nicht leicht mit mir gehabt. Satya Narayan Goenka würde sagen: „Du warst kein leichter Schüler". Denn mir hat schlicht und ergreifend der Glaube an die Technik gefehlt. Letztendlich jedoch hat sie mein komplettes Bewusstsein verändert. Glück, Harmonie und Gleichmut haben nun ihren Platz in meinem Leben gefunden. Ich fühle mich seitdem zum ersten Mal in meinem Leben wirklich glücklich, erfüllt und ausgeglichen. Und genau das wünsche ich Ihnen auch.

Ich teile meine Geschichte, um andere anzuregen. Natürlich muss jeder seine eigenen Erfahrungen mit Vipassanā machen, und ich möchte nicht vorwegnehmen, welche Erkenntnisse zu gewinnen sind oder eben auch nicht. Einiges von dem, was mir dort gelehrt worden ist, ist seitdem zur Basis meines Handelns und meines Charakters geworden. Lassen Sie sich inspirieren und machen Sie Ihre eigenen Erfahrungen mit dem Leben – mit Vipassanā!

„Wir brauchen nicht so fortzuleben, wie wir gestern gelebt haben. Machen wir uns von dieser Anschauung los und tausend Möglichkeiten laden uns zu neuem Leben ein."

Christian Morgenstern, Dichter

1. Welcome

Kuala Lumpur: heiß, stickig und nass. So hatte ich mir den Meditationshimmel eigentlich nicht vorgestellt. Jetzt verließ ich den internationalen Flughafen. Gerade dem deutschen Winter entflohen, war ich regelrecht überfordert mit der vorherrschenden Temperatur. Erschöpft und mit durchnässtem T-Shirt machte ich mich auf den Weg zur ersten Hostelübernachtung meines Lebens. Für 25 Ringgit, umgerechnet rund fünf Euro, wurde ich fündig. Kuala Lumpur sollte jedoch nur ein kurzer Zeitvertreib bleiben, denn nach zwei Tagen würde es zu meinem eigentlichen Ziel weitergehen: dem Ashram Dhamma Malaya in Gambang. Ich buchte einen mit 50 Euro völlig überteuerten Flug nach Kuantan, einer Großstadt in der Nähe. Die Flugzeit betrug nur 35 Minuten. Angesichts der Tatsache, dass ich diese Strecke auch in zwei Stunden mit dem Bus hätte zurücklegen können für nicht mal ein Viertel des Preises war es eine vollkommen unnötige Investition. Aber so war es halt.

Nun stand ich also da, mitten im Taman Negara, einem der ältesten Regenwaldgebiete der Welt. Am Flughafen war gerade so Platz für eine Maschine. Dicht besiedelter Wald und eine schwüle Hitze, die sogar das stickige Kuala Lumpur noch einmal toppen konnte, begrüßten mich. Kein Gestank mehr von Autos, Abfall oder Baustellen. Es roch nur noch nach purer Natur. Da packte es mich: das Abenteuer-Feeling. Ich fühlte mich gleich wie eine junge und moderne Version von Indiana Jones.

Mit meinem Smartphone schoss ich noch schnell ein paar Fotos. Das war Pflicht für mich. Schließ-

lich musste ich gewiss jedem über Social Media mitteilen, was für ein Abenteurer ich nur war. Was nicht auf Instagram gepostet wird, das existiert auch nicht, dachte ich bei mir. Ich, auf der Suche nach mir selbst im malaysischen Dschungel, meditierend mit Mönchen. Was für ein Abenteurer! Ich sah das Ganze mehr als eine Unterhaltung meines Intellekts als eine lebensverändernde Erfahrung.
Mit dem Taxi ging es tiefer hinein in den Taman Negara bis ich schließlich vor einem Schild stand: „Welcome to Dhamma Malaya Vipassanā Centre". Es war traumhaft. Mitten in einem Meer aus Palmen erblühte der Aschram wie ein heiliger Ort. Die Atmosphäre war magisch. Meine Nasenlöcher sogen den Geruch von purer Natur in sich hinein. Um mich herum war nichts als Natur. Überall zwitscherten Vögel und man hörte das Rauschen des Windes. Es war herrlich! Durch die Palmen hindurch konnte ich die ersten kleinen Chalets erkennen, die von einer Bergkulisse umhüllt wurden. Ich war völlig überwältigt. Sicherlich hatte ich mit Natur gerechnet, doch dieser Ort übertraf all meine Erwartungen. Abgelegenheit, Natur und Stille – alles, was man brauchte, um sich komplett auf sich selbst konzentrieren zu können, war vorhanden. Eine Atmosphäre des Friedens umhüllte das gesamte Gelände. Wenige Selfies später verabschiedete ich mich von der Außenwelt und startete meine Reise ins Ungewisse.
Hinter dem Tor begab ich mich zur Dining Hall, dem Speisesaal. Dort empfing mich ein älterer europäischer Herr, der mir die Formalitäten erklärte und mit mir die Registrierung durchging. Er hatte einen langen weißen Bart und ein schlabbriges weißes T-Shirt an. Genau so hatte ich mir das typi-

sche Klischee dieses Kurses vorgestellt! Er wirkte auf mich so weise und friedlich, dass ich von Anfang an hin und weg war. Mein Abenteuergefühl erhielt immer mehr Futter und in meinem Bauch wuchs die Vorfreude immer mehr. Ein paar Infos und Unterschriften später bekam ich auch schon meinen Zimmerschlüssel. P2 lautete meine Raumnummer. Voller Abenteuerlust machte ich mich auf die Suche danach. Wohl weil ich einer der ersten war, die angekommen waren, war es noch sehr ruhig und harmonisch: keine städtischen Geräusche, kein Geschrei und vor allem keine negativ aufgeladenen Menschen. Ich merkte, wie mich der Ort immer mehr in seinen Bann zog.

Bett, Badezimmer, Lampe. Das beschreibt meine Unterkunft für die nächsten Tage ziemlich gut. Im Raum waren wirklich nur ein Licht und eine Latexmatratze, die jedoch so dünn war, dass ich auch gleich auf dem Boden hätte schlafen können. Na ja, Komfort sieht anders aus, dachte ich mir, aber immerhin habe ich mein eigenes Badezimmer. Es war ebenfalls in sehr schlichtem, aber akzeptablen Zustand. Was wollte man auch anderes erwarten von einem Meditationszentrum, das einzig und allein durch Spendengelder finanziert wurde. Da war ich also, umgeben vom Dschungel, so weit das Auge reichte.

Nun war Warten angesagt. Während eines Powernaps machte ich die erste Bekanntschaft mit der Matratze. Hart aber effektiv, so würde ich sie bewerten.

Gegen 16 Uhr war es dann so weit. Sämtliche Wertgegenstände mussten abgegeben werden. Erneut begab ich mich auf den Weg zur Dining Hall. Wie werden sie wohl aussehen, meine Mitmeditierenden? Auch alle in weißer Kleidung, mit weißem Bart und ältere Semester?

Ich war so aufgeregt und konnte es kaum glauben, als ich mich in der Dining Hall hingesetzt und umgeschaut hatte. Verwundert stellte ich fest: keine weißen Bärte, keine weiße Kleidung, keine Hippies, keine Rastas. Nein, meine Erwartungen wurden nicht erfüllt. Das Alter lag zwar im Durchschnitt jenseits der 40. Jedoch waren das alles hier ganz normale und moderne Menschen. Überwiegend Menschen indischer und malaysischer Herkunft fanden sich im Kurs. Jedoch hatte es auch vier westlich aussehende Menschen nach Malaysia verschlagen.

Alles, was auch nur ansatzweise mit Luxus oder Schnick-Schnack zu tun hatte, wurde eingesammelt: Handys, Kameras, Laptops, sogar Bücher! Alles, was auch nur irgendwie mit Entertainment in Verbindung gebracht wurde, musste abgegeben werden, wurde mit einem Sticker versehen und dann in ein Schließfach gesperrt. Ein ungutes Gefühl übermannte mich, denn bei der Masse an Menschen bezweifelte ich für einen kurzen Moment, dass ich mein geliebtes Handy je noch einmal wiedersehen würde. Aber ich hatte keine Wahl. Also versuchte ich, den Kurshelfern, die ich ja gerade erst kennengelernt hatte, zu vertrauen. Sie kamen aus allen Teilen der Erde und waren ein bunter Haufen, der unterschiedlicher nicht hätte sein können: von einem glatzköpfigen volltätowierten Europäer hin zu einem chinesischen Opa, dem man die harten Jahre des Lebens durchaus ansah. Alle opferten sie zehn Tage ihrer kostbaren Freizeit, um uns zu helfen. In der Zeit, in der wir Vipassanā praktizierten, standen sie uns zur Seite, kochten für uns, organisierten alles und hielten das Gelände sauber – ehrenamtlich!

Ihre Aura war jedoch bei allen gleich, und was für eine! Harmonie lag in der Luft. Sie strahlten, lachten und waren so voller Glück, dass ich mir sofort die Frage nach dem Warum stellte: Wie konnten sie so viel Lebensenergie ausstrahlen, obwohl sie doch wussten, dass sie zehn Tage lang rund um die Uhr arbeiten würden, ohne dafür eine Gegenleistung zu erhalten? Für sie galt ebenfalls der strenge Tagesablauf. Auch sie mussten täglich um 4 Uhr morgens das Bett verlassen. Später erfuhr ich, dass einige sogar extra aus England angereist waren, um uns zu dienen. Verstehen Sie mich nicht falsch, ich war zutiefst beeindruckt! Verstanden habe ich es jedoch nicht sofort. Das sollte sich allerdings noch ändern.

Passend zu meinem Hungergefühl, das immer stärker wurde, war nun Essenszeit angesagt. Reis mit Gemüse stand auf dem Menüplan, eingebettet in eine leckere Soße. Für mich war es die erste tatsächliche Begegnung mit vegetarischem Essen. Studenten mögen zwar oft bärtige, vegane Hipster sein; leider traf dies auf mich ganz und gar nicht zu. Für mich, den König von Pizzaburgen, war allein schon der Gedanke an vegetarisches Essen ein Albtraum. Klar war ich für das Wohl der Tiere, jedoch nicht bereit, meine Essgewohnheiten zu ändern. Geschmeckt hat es mir dort aber überraschenderweise jedes Mal!

Hart aber effektiv

Es war so weit. In wenigen Minuten startete der Kurs. Ruhe kehrte ein und die Sitzplatzverteilung für die Meditationshalle begann. Jeder Teilnehmer wurde einzeln nach vorne gerufen und bekam ein kleines Kärtchen, auf dem eine Nummer und ein Buchstabe stand. In der Zwischenzeit war es schon dunkel geworden. Es entstand eine geradezu mystische Atmosphäre.

Weil ich als einer der Ersten eingetroffen war, war ich einer der Letzten, der nun aufgerufen wurde. Als 48. wurde ich aufgerufen und ging nach vorne. Ein älterer Mann gab mir einen kleinen weißen Zettel. Ehrlich gesagt konnte ich damit nicht wirklich etwas anfangen, da mir nicht mal bewusst war, wo genau sich die Meditationshalle befand. Auf dem Zettel stand nur „8C". Vorsichtig und etwas unsicher wagte ich mich aus dem Speisesaal heraus in der Hoffnung, den Weg zu finden.

Dann jedoch geschah etwas, mit dem ich so nicht gerechnet hatte: Die rund 50 Kursteilnehmer standen bei leichtem Laternenschein hintereinander aufgereiht und warteten auf den Einlass in die Halle. Ich war überwältigt! Es hatte etwas von einem Ritual und ich fühlte eine okkulte Stimmung in mir aufkommen, die mich leicht misstrauisch werden ließ. Spätestens zu diesem Zeitpunkt traute sich niemand mehr, auch nur einen Laut von sich zu geben. Die Stille ergriff Besitz von diesem Ort. Urplötzlich wurde mir die Ernsthaftigkeit des Ganzen bewusst. Gefühle der Angst durchströmten meine Adern, die Abenteuerlust war in weite Ferne gerückt. Stattdessen machte sich Skepsis breit und gab dem Kopf ordentlich Stoff zum Denken: Was mach' ich hier nur? Welchem asiatischen Kult hab' ich mich hier nur hingegeben?

Während ich langsam aber sicher alles infrage stellte, ertönte ein Gong, der bestimmt auf dem gesamten Gelände zu hören war. Jetzt gab es wirklich kein Zurück mehr. Denn der Gong war das Zeichen dafür, dass ab jetzt die Edle Stille eingehalten werden musste und der Kurs nun offiziell begann.

Vorne setzten sich die ersten in Bewegung. In quälend langsamem Tempo, in einer bedrückenden Atmosphäre machten sich alle auf den Weg. In einer Reihe und mit gesenktem Blick hatte es ein wenig was von einer Hinrichtung: als würde man seinen letzten Gang in Freiheit machen, bevor man sein Leben verlor. Ich wunderte mich sehr, dass alle Teilnehmer das hier extrem ernst nahmen. Menschen jeden Alters aus allen möglichen Nationen und vor allem aus allen Gesellschaftsschichten nahmen diesen Moment so ernst, dass ich mich vor lauter Respekt schon schämte, überhaupt so überwältigt zu sein von diesen Umständen. Ich war nun alles andere als sicher, ob ich diesen Ort noch als dieselbe Person verlassen würde.

Ein paar stille Sekunden später ragte eine pompöse ostasiatisch aussehende Halle auf, versteckt hinter Palmen und tropischen Pflanzen – definitiv das Herzstück des Geländes. Die Edle Stille hielt. Nun durften wir nacheinander im Zehn-Sekunden-Takt diese magische Halle betreten.

Es dauerte ein wenig, dann öffnete sich für mich ein kleiner weißer Vorhang. Nun durfte auch ich in die Halle. Voller Zweifel betrat ich mit zitternden Knien und einem unguten Gefühl diesen Ort. *Hätte ich auf mein Umfeld hören sollen? Hatten sie recht damit gehabt, dass es sich um religiöse Rituale handelte?*" Jedoch hatte mir die Organisation immer wieder versichert, dass dies alles fernab aller Religionen sei.

Die Halle war mit rund 100 Menschen gefüllt. Auf der linken Seite saßen gut und gerne 50 Männer, getrennt davon auf der rechten Seite ungefähr 50 Frauen sowie einige Meditierende an beiden Seiten. Fast jeder von ihnen saß auf einem Meditationskissen, einige wenige auf Stühlen. Der Unterschied zu einem normalen Sitzkissen ist mir bis heute nicht ganz klar. Alle Blicke waren starr auf einen Punkt gerichtet: Ganz vorne befand sich eine Art weißes Podest, das einem Altar ähnelte. Darauf saß ein alter weißhaariger Mann indischer Herkunft, unser Lehrer! Daneben auf einem weiteren Podest thronte eine kurzhaarige Frau, ebenfalls indischer Herkunft. Dies hier war definitiv das Zentrum der Halle. Alle Menschen im Saal befanden sich im typischen Schneidersitz, wie es üblich war für Meditierende. Der Anblick hätte klischeehafter nicht sein können. Es sah aus wie in einem Film. Beeindruckt begab ich mich langsam zu meinem Platz. Die vorherrschende Stimmung fesselte mich. Selten zuvor hatte mich ein Augenblick so sehr eingenommen wie dieser. Zugegeben: Ich hatte zuvor auch noch nie einen vergleichbaren Augenblick erlebt. Es fühlte sich ein wenig so an, als würde man sich einem Geheimbund anschließen, der einem nun alle Geheimnisse über das Leben offenbarte. Ebenfalls entsprachen beide Lehrkräfte genau dem, was ich mir unter Meditationsmentoren vorgestellt hatte. Unterstützt wurde das Ganze noch von einem sanft gedämmten Licht. Alle Sinne wurden auf diese Weise stimuliert. Es war überhaupt nicht anders möglich, als sich diesem Moment völlig hinzugeben. So fasziniert, wie ich war, bemerkte ich nicht mal, dass der Saal nun komplett gefüllt war. Ohne Vorwarnung ertönte plötzlich eine laute Stimme über die Lautsprecher an der Decke. Es war eine Aufzeichnung von S. N. Goenka, der damit offiziell den Kursbeginn einläutete: Er sang auf seine ganz eigene Art und Weise! Ehrlich gesagt, musste ich mir in diesem Moment so sehr das Lachen verkneifen wie selten zuvor. Goenkas Gesang war nicht wirklich mit Rhythmus oder melodischen Elementen ausgestattet. Die Tatsache, dass dennoch über 150 Menschen – alt, jung, reich und arm – mit einer solchen Ernsthaftigkeit dort saßen und dem Klang folgten, war mir sehr suspekt. Es amüsierte mich regelrecht. Verstanden habe ich nichts von dem Gesang. Da er jedoch auf Indisch war, ging es zum Glück nicht nur mir so. Gleichwohl richtete ich meine Konzentration auf die Gegenwart. Ich nahm mir vor, mit Respekt an die Sache heranzugehen. Schließlich war ich nicht zum Spaß nach Malaysia gekommen, sondern um zu lernen.

Kurz darauf begrüßte uns Goenka freudig mit einem leichten aber sympathischen Akzent. Da saß ich also bei mittlerweile angenehmen 27 Grad in einer viel zu großen Jogginghose auf einem Sitzkissen, das auch der kleine Bruder der Matratze hätte sein können. Auch hier hätte man sich das Kissen durchaus sparen können. Komfortabel war es nicht. Na ja, ich war ja schließlich nicht in einem 5-Sterne-Hotel mit All-Inclusive-Service am Strand von Mallorca. Nein, ich kam, um wie ein Mönch zu leben und dies tat ich nun auch.

Nach der kurzen Begrüßung ging es dann mit dem

technischen Teil los. Voller Aufregung hörte ich schon gar nicht mehr richtig hin. Meine Gedanken voller wilder Fantasien überschlugen sich: Welche uralten Geheimnisse würden mir jetzt wohl beigebracht? Voller Spannung lauschte ich wieder den Anweisungen: „Beruhige deinen Geist! Dann konzentriere dich in Ruhe auf deinen Atem. Atme ein, atme aus. Lass es einfach geschehen. Beobachte deinen Atem, wie er kommt und wie er geht. Versuch dabei, neutral zu bleiben, und beobachte, wie dein Atem ganz von selbst und ganz natürlich immer wieder kommt und geht." Das war zusammengefasst das, was Goenka zu uns sagte. „Sei in der Realität, konzentriere dich darauf, nur im Hier und Jetzt zu leben. Beobachte, wie Luft aus deinen Nasenlöchern strömt, wie sie an deinen Lippen vorbeigleitet und dann wieder ihren Weg zurück in deinen Körper findet. Konzentriere dich nur darauf. Beeinflusse deinen Atem nicht! Du sollst ihn nicht regulieren oder beeinflussen, sei einfach ganz natürlich. Beobachte die Natur deines Atems, wie er ein- und ausgeht, wie er entsteht und vergeht".

„Wow! Das hört sich aber leicht an. Das kann ja jeder!", dachte ich mir. Zwar hatte ich ehrlich gesagt mit einem mystischen Geheimnis oder einem Ritual gerechnet, doch diese simple Aufgabe gefiel mir ebenfalls ganz gut. Voller Zuversicht, dass hierbei ja nichts schiefgehen könnte, machte ich mich an die Arbeit. Mit geschlossenen Augen begab ich mich in die vorgesehene Sitzposition, richtete meine Konzentration auf meinen Atem und begann zu Beobachten. Es dauerte keine zehn Sekunden und meine Gedanken waren schon bei allen möglichen Dingen, aber nicht mehr bei der eigentlichen Aufgabe. Ich bemerkte es jedoch sehr schnell und versuchte, mich ihr erneut zu widmen. Diesmal dauerte es rund 20 Sekunden, bis meine gesamte Aufmerksamkeit hinfort schwebte.

Ich dachte über den Sinn der Technik nach und über meine Mitmeditierenden. Alle Augen waren geschlossen. Also bat sich mir die Möglichkeit, mich erst mal ordentlich umzuschauen. Schließlich hatte ich ja noch gar nicht die Chance bekommen, alle Teilnehmer des Seminars anständig zu begutachten. Als ich so meinen Wegbegleitern zuschaute, fragte ich mich, was sie wohl gerade dachten. Ob sie sich genauso wie ich nicht wirklich konzentrieren konnten?

„Schluss damit!", befahl ich mir und schloss erneut meine Augen. Vorher wagte ich jedoch noch einen dezenten Blick auf die Uhr an der Wand. 15 Minuten waren bereits vergangen! Schnell versuchte ich, wieder einen klaren Geist zu bekommen und meine Konzentration wieder aufrechtzuerhalten. Doch meine Gedankengänge sahen wie folgt aus: „Beobachte deinen Atem, beobachte deinen Atem, beobachte deinen Atem, was meine Freunde gerade wohl so machen? Ob sie auch gerade zu Hause sitzen und versuchen, sich zu konzentrieren? Die meisten müssten ja gerade in der Uni sein, ob sie wohl Spaß an ihren Studiengängen haben? Na ja, für mich wäre das meiste nichts. Ach, Scheiße, beobachte deinen Atem, beobachte deinen Atem." Dieses Spiel der Gedanken ging die gesamte Stunde so. Mein Geist setzte sich lieber mit anderen Menschen auseinander, als sich um sich selbst zu kümmern. Frust machte sich breit. Andererseits war der Kurs nicht mal richtig gestartet. Deshalb versuchte ich, es mit Gleichmut zu betrachten. Zum Abschluss der ersten Meditationseinheit fing

Goenka wieder an zu singen, diesmal sogar im Chor. Die anwesenden Old Students* stimmten in seinen Gesang mit ein. Es klang, als würden sie jemanden beschwören, es hatte schon irgendwie etwas von einem Ritual.

Da wurde die Stimmung erneut durch einen lauten Gong gestört, gefolgt von der Anweisung: „Ruht euch aus, ab morgen beginnt die richtige Arbeit." Anschließend standen alle auf und machten sich auf den Weg zurück zu ihren Zimmern. Da meine soziale Inkompetenz sowieso schon dafür gesorgt hatte, dass ich mit niemandem kommunizierte, machte mir die Edle Stille nichts aus. Meine übliche Kommunikationsmöglichkeiten via Smartphone hatte ich ja bereits hinter mir gelassen. Im Klang der Nacht brachen wir also zu unseren Unterkünften auf, in den Ohren das Toben von Grillen und anderen nachtaktiven Wesen. Ich hörte absolut nichts, nur die Geräusche des Dschungels. Es war etwas unheimlich, da ich als Europäer vieles nicht zuordnen konnte. *Was da wohl im Dschungel alles so lauert?* Inzwischen war es halb zehn. Ab 22 Uhr mussten alle Lichter aus sein. Als Nachtschwärmer, der den Schlafrhythmus eines Schichtarbeiters hatte, fragte ich mich, wann ich wohl das letzte Mal um zehn ins Bett musste. Meine Eltern waren zwar konsequent, doch seit dem 14. Lebensjahr war ich mein eigener Herr der Nacht. Verzweifelt versuchte ich mir meinen Raum noch durch Aufräumarbeiten zu verschönern, dann ging es jedoch schon auf die bemerkenswerte Latexmatratze. Wie war das noch mal? Hart, aber effektiv?

„Zu wissen, was man weiß, und zu wissen, was man tut, das ist Wissen."

Konfuzius

2. Gedankenspiel

4 Uhr morgens: Es schepperte in meinen Ohren. Wie zu erwarten war, hallte erneut der Klang des Gongs durch das ganze Gelände. Damit auch jeder wach wurde, wiederholte sich dies acht Mal. Stellen Sie sich vor, dass mitten in der Nacht ein Zug durch Ihr Schlafzimmer fährt. Ungefähr so habe ich mich gefühlt. Leicht verwundert darüber, dass der Schlaf doch gar nicht so übel war, begann ich meine Morgenroutine.

4 Uhr 30: Erneut ging der Gong. Meditieren war angesagt! Zusammen mit meinem Nachbarn, einem ca. 23 Jahre alten Malaysier, machte ich mich im Halbschlaf auf den Weg. Als ich mich umschaute, merkte ich: So richtig wach war hier noch keiner. Wie Zombies marschierten alle Richtung Meditationshalle und nahmen dort ihre Plätze ein. Welcher war noch mal meiner? Ach ja, 8C!, überlegte ich. Dadurch, dass ich ziemlich weit hinten saß, hatte ich einen guten Überblick. Die Nacht schien wohl nicht allen so gutgetan zu haben wie mir. Im weißen Gewand betraten nun auch wieder unsere Lehrer den Raum, nahmen Platz auf ihren zwei Podesten und begannen mit der zweistündigen Meditationssitzung. Wieder spielte unser Lehrer eine Tonaufnahme von S. N. Goenka ab: „Startet nun mit einem ausgeglichenen Geist. Konzentriert euch auf euren Atem. Beobachtet den natürlichen Fluss. Beobachtet, ob die eingeatmete Luft kälter ist als die ausgeatmete." Leichter gesagt als getan bei 30 Grad und einer Luftfeuchtigkeit von über 80 Prozent. Ganz ernst nehmen konnte ich ihn nicht, diesen Goenka. *Was interessiert es mich*

denn, welche Luft kälter oder wärmer ist? Wie soll mir so was helfen, zu mir selbst zu finden? 17.000 Kilometer gereist für den Dreck, um mich um 4 Uhr morgens auf meinen Atem konzentrieren zu müssen? Ich wusste wohl echt nichts Besseres mit mir anzufangen. So motiviert, wie man vor 5 Uhr morgens eben sein kann, versuchte ich es trotzdem. Ich gab mir selbst das Versprechen, den Anweisungen zu folgen. Schließlich hatte ich mich ja nicht umsonst auf den Weg gemacht. Also richtete ich meine völlige Aufmerksamkeit auf das Gebiet rund um meine Nase und untersuchte, was passierte. Doch es passierte absolut nichts. Meine Aufmerksamkeit war nach wenigen Sekunden schon wieder sämtlichen unnötigen Gedanken unterlegen. Mein Magen knurrte. Ich dachte daran, was es wohl zum Frühstück geben würde. Das Gefühl meines leeren Magens lenkte mich völlig davon ab, mich vernünftig auf meinen Atem zu konzentrieren. Ich kämpfte hoffnungslos gegen all die Gedanken an, die ich gerade nicht denken sollte. Aber mein Kopf wollte denken, also dachte er. Nach 15 Minuten erschien ein neuer Spieler auf dem Bildschirm: Schmerz! Die Knie und große Teile meines Rückens fingen unglaublich an zu schmerzen. Die Knie wurden heiß und in meinem Rücken versuchte mir wohl gerade einer mit einem imaginären Hammer die Wirbelsäule zu zertrümmern. Selbstfindung hatte ich mir irgendwie anders vorgestellt! Verzweifelt probierte ich jede kleinste Veränderung meiner Position, um den Schmerz zu lindern. Vergeblich. Für kurze Zeit verschwand er, aber nach wenigen Sekunden war er zurück. Wie ich meine Position auch änderte, die Perfekte gab es einfach nicht. So leicht gab ich allerdings nicht auf. Ich bin doch nicht blöd, die anderen schaffen es doch auch, dachte ich mir. Ich begann also, an meiner Position zu tüfteln und mich zu konzentrieren, bis ein lauter Gong ertönte. Zwei lange Stunden waren vorbei, die Meditation beendet.

Völlig überrascht und leicht verzweifelt darüber, dass die Schmerzen so gewaltig waren, machte ich mich endlich auf den Weg zum langersehnten Frühstück. Fakt war, dass meine Gedanken die ganze Zeit meinen Schmerzen gegolten hatten. S. N. Goenka würde mich definitiv nicht als guten Schüler bezeichnen. Angesichts der Tatsache, dass es die erste offizielle Meditations-Session war, redete ich mir ein, dass eben noch kein Meister vom Himmel gefallen war. Es handelte sich ja schließlich nur um zwei Stunden von 100. Da waren ja noch 98 übrig, um sich ganz auf die Sache zu konzentrieren. Wenn ich dann einmal den Dreh raus habe, wird es schon funktionieren.

Beginn des Leidens

Das Frühstück war wie alles sonst natürlich vegetarisch: Nudeln mit Gemüse, eine warme simple Speise.

Im Anschluss wurde uns eine kleine Pause gegönnt, die ich in geliebter Zweisamkeit mit meiner Matratze verbrachte. Dass ich um 4 Uhr aufstehen musste, ging wohl nicht ganz spurlos an mir vorbei. Dann ging auch schon wieder der Gong. Gruppenmeditation in der Halle: Kaum war die unbequeme Sitzposition eingenommen, startete auch schon die zweite Meditation des Tages. Das Ziel war dasselbe: Fokussierung auf den natürlichen Fluss des Atems. Diese Technik, erklärte Goenka, wird Anapana genannt. „Anapana ist der erste Schritt der Praxis Vipassanās. Anapana heißt, den natürlichen Atem, so wie er ist, zu beobachten, wie er kommt und wie er geht. Es ist eine einfache, objektive und wissenschaftliche Technik, die uns dabei hilft, die Konzentration unseres Geistes zu entwickeln". Es war wieder einmal einfacher gesagt als getan. Wir sollten uns darauf konzentrieren, in der Realität zu sein und nicht in Gedankengängen gefangen zu bleiben. Ich verstand es auf einem intellektuellen Level und richtete all meine Gedanken wieder darauf, im Moment zu sein und meinen Atem zu beobachten. Was mir hier noch nicht klar war: Wenn man dachte, man sei in der Realität, war man tatsächlich immer noch im Prozess des Denkens. Ein Teufelskreis! Ich war also so weit von der Realität entfernt, dass es mir unmöglich war, meinen Atem einfach so zu beobachten. Wie auch, wenn man die ganze Zeit daran dachte, ihn beobachten zu müssen? Stellen Sie sich vor, man sagt Ihnen: „Hören Sie auf zu denken. Halten Sie einen Moment inne und besänftigen Sie Ihre Gedanken." Dann werden Sie sich so sehr darauf konzentrieren, dieser Anweisung zu folgen, dass Sie dabei genau in die entgegengesetzte Richtung gehen. Indem Sie versuchen, Ihre Gedanken zu stoppen, denken Sie wieder. Wie soll man also seinen Kopf frei machen, wenn man sich darauf konzentriert, ihn frei machen zu müssen? Genau diese Erkenntnis war mir zu diesem Zeitpunkt jedoch noch nicht bewusst. Zu sehr wartete ich darauf, dass wie durch ein Wunder eine Erkenntnis auftauchen und all meine Sorgen und Probleme lösen würde. Meine Konzentration war jedoch auf den Schmerz fixiert – einen Schmerz, der immer stärker wurde. Und nun werden Sie zum Mitmachen aufgefordert! Versuchen Sie das einfach mal selbst. Jetzt, da Sie gerade dieses Buch lesen. Setzen Sie sich auf den Boden, falls es möglich ist. Nehmen Sie den Schneidersitz ein, die klassische Meditationshaltung. Richten Sie sich auf und schauen Sie, wie lange es braucht, bis bei Ihnen die ersten Anzeichen von Schmerz anklopfen. Stoppen Sie ruhig die Zeit. Sie können dabei gern weiterlesen oder sich anders beschäftigen. Wichtig ist jedoch, dass Ihr Rücken gerade ist. Versuchen Sie darüber hinaus, Ihre Sitzhaltung nicht großartig zu verändern. Beobachten Sie genau, an welchen Körperstellen Schmerz auftritt, in welcher Intensität und nach wievielen Minuten. Jeder Mensch ist anders. Vielleicht fängt es schon nach zwei Minuten an oder nach fünf, vielleicht auch erst nach 30 oder 60 Minuten, ganz nach Ihrer physischen Beschaffung. Versprechen kann ich Ihnen jedoch: Der Schmerz wird kommen, früher oder später! Und bleiben Sie in Ihrer Position! Nun versuchen Sie, jetzt nicht an den Schmerz zu denken. Versuchen Sie, Ihre Gedanken frei zu machen und den Schmerz zu ignorieren. Sie werden merken, auch wenn Sie es schaffen, dass die Schmerzen schnell wieder präsent sein werden. Sie sehen den Schmerz nicht objektiv als Schmerz, sondern nehmen es als etwas wahr, das mit Ihnen verbunden ist. Sie lassen sich von diesem Gefühl steuern. Es ergreift Besitz von Ihren Gefühlen. Nicht umsonst verziehen wir unser Gesicht, wenn wir Schmerz empfinden. Ich will Sie nicht foltern, ich will Ihnen nur zeigen, wie schwierig diese Aufgabe ist. Es ist sehr leicht, auf einer intellektuellen Ebene zu verstehen, wie man sich in solch einer Situation fühlt, jedoch ist dieses Wissen eben nur intellektueller Natur, eine bloße Vorstellung Ihres Geistes, aber keine gewonnene Erfahrung.

Wenn Sie es ausprobieren, merken Sie, dass eine so simple Aufgabe wie den Atem zu beobachten und an nichts zu denken einen in die völlige Verzweiflung bringen kann. Sie können noch so gute körperliche Voraussetzungen haben – wenn Ihre Psyche nicht stark genug ist, bringt Ihnen dies nichts. So war es mir ebenfalls ergangen. Nach wenigen Minuten übernahm das Gefühl des Schmerzes wieder die völlige Kontrolle über meinen Geist. Ich blieb verzweifelt auf der Suche nach der ultimativen Position, in der es keine Schmerzen geben würde. Unser Lehrer sagte zu uns, wir sollten den Schmerz akzeptieren und uns nicht gegen ihn wehren. Intellektuell verstand ich das natürlich, jedoch hatte ich intellektuell auch verstanden, dass Alkohol und Fast Food meinem Körper schaden, wie so vieles, was ich jedoch weiter konsumierte.

Es erklang der Gong, fünf Minuten Pause. Ich nutzte die Zeit, um mir vor der Tür der Meditationshalle etwas die Beine zu vertreten. Das Wetter war super, angenehme 30 Grad und ein strahlend blauer Himmel. Hinter Gestrüpp und Palmen waren die Berge des Nationalparks zu sehen, ganz in der Stille, einer sehr idyllischen Stimmung. Fasziniert von dieser Aussicht, stand ich einfach nur da und betrachtete die Umgebung, während ich und einige andere sämtliche Dehnübungen ausprobierten, um unsere Körper wieder in einen Normalzustand zu bringen. Weg vom Schmerz, weg von den unangenehmen Dingen des Lebens.

Intellektuell versus experimentell

Einige schmerzhafte Sekunden später endete eine weitere Meditationssitzung, in der ich es nicht geschafft hatte, meinen Geist zu beherrschen. Glücklich war ich darüber natürlich nicht, dennoch war ich zuversichtlich. Schließlich wurde uns auch gesagt, wir sollten behutsam an die ganze Sache herangehen und nichts übertreiben oder überstürzen. Man soll freundlich mit sich sein, wenn man etwas Neues lernt. Das Thema Meditation war mir bis zu dieser Reise noch sehr fremd, weshalb ich mich noch lange nicht aufgab. Schließlich war dies ja erst mein erster Tag im Aschram. Das Mittagessen bestand aus Reis und Gemüse, wie auch schon am Tag zuvor. Es bot nicht gerade großen Spielraum für Überraschungen, dennoch gab es im Laufe der folgenden Tage immer neue Variationen von Soßen, Curry und Gemüse.

Dabei war ich wieder ganz in meinen Gedanken versunken. Ich wunderte mich darüber, dass es nicht gerade tiefgründige Dinge waren, über die ich nachdachte. Man sollte meinen, dass in solch einer Situation alles, was einem auf der Seele lag, ans Tageslicht kam und auch die tiefsten Persönlichkeitsmerkmale hervorstachen. Dies konnte ich jedoch nicht bestätigen. Ich dachte an alles und jeden, nur nicht an mich selbst. Vielleicht sollte sich das noch ändern, wenn ich mehr Zeit mit mir selbst verbracht hatte.

Ich verschlang die Mahlzeit ziemlich schnell. Ganz nach dem Motto „Zeit ist Geld" wollte ich mehr von der darauffolgenden Pause haben und meine Zeit nicht nur mit Essen verschwenden. Trotzdem versuchte ich, das Essen zu genießen. Es erstaunte mich, dass die meisten Gerichte, die ich in dieser Form noch nie auf meinem Teller hatte, mir so gut schmeckten. Da ich keine Wahl hatte, musste ich essen, was auf den Tisch kam. Dies sorgte zwangsläufig dafür, dass ich eine meiner größten Komfortzonen verlassen musste.

In Deutschland bin ich nicht gerade dafür bekannt, dass ich gerne neue kulinarische Köstlichkeiten ausprobiere. Ganz im Gegenteil, gewisse Dinge mag ich und bei anderen habe ich eine grundlegende Abneigung. Ich weiß, man sollte bei Neuem nicht voreingenommen sein. Dennoch stelle ich mal die These in den Raum, dass jeder Mensch Lebensmittel kennt, gegen die er eine grundlegende Abneigung verspürt. Diese Abneigung hatte ich gegen sämtliche Gemüsesorten. Zu verwöhnt von zahlreichen Alternativprodukten, weigerte ich mich in meiner Heimat immer mehr, sie zu mir zu nehmen.

Ohne Frage wurde ich an dieser Stelle positiv überrascht. Gemüsesorten, die ich unter keinen Umständen gekostet hätte, schmeckten mir hier plötzlich richtig gut! Ich würde sagen: mein erstes kleines Erfolgserlebnis. Die zweistündige Pause nach dem Mittagessen, nutzte ich, um das Gelände zu erforschen. Letztlich hatte man hier ja nicht wirklich viele Möglichkeiten, seine Freizeit zu verbringen.

Die weiteren Meditationen des Tages liefen wie zuvor: viel zu viel Hitze, Schmerzen und ausbleibende Erkenntnisse, von Frust jedoch keine Spur. Ich war zuversichtlich, dass ich alles richtig machte und es nur eine Frage der Zeit war, bis ich so weit war. Für mich war es wie ein Spiel. Je länger ich spielte, desto mehr gewann ich.

Die Teepause nutzte ich, um wieder etwas Kraft zu tanken. Im Anschluss vertrat ich mir etwas die Beine. Dann erklang der Gong. Die letzte richtige Meditation des Abends stand an. Sodann folgte nur noch ein Diskurs von Meister S. N. Goenka und eine etwas kleinere Meditation zum Abschluss. „Wie die anderen sich wohl fühlen?", fragte ich mich auf dem Weg zur Halle und versuchte, ihre Körpersprache zu lesen. Man sah ihnen an, dass sie alle noch sehr skeptisch dem Ganzen gegenüberstanden. Es beruhigte mich zu sehen, dass alle etwas unmotiviert durch die Gegend torkelten. Dies bestätigte schließlich meine These, dass eben alles etwas mehr Zeit brauchte.

In der Halle angekommen, machte ich mich wieder bereit, dem Schmerz gegenüberzutreten. Und was soll ich sagen? Die Meditation lief nicht besser als die anderen auch. Zu viele Gedanken, zu viele Schmerzen und zu oft versuchte ich meine Position zu ändern, was mich nur noch mehr von der eigentlichen Aufgabe ablenkte. Ab und zu öffnete ich meine Augen und sah, wie friedlich alle um mich herum saßen, als hätten sie keine Schmerzen. Ich ließ mich davon aber nicht unterkriegen, eher motivierte es mich zu sehen, dass sie es alle schafften. So startete ich immer und immer wieder den Versuch, mich auf die Gegenwart zu fokussieren und den Schmerz zu akzeptieren. Mir fiel auf, dass ich mich im Vergleich zu den vorherigen Sessions definitiv besser konzentrieren konnte. Meine Aufmerksamkeit war mehr auf die Sache gerichtet. Trotzdem dominierte das Schmerzgefühl. Schon nach wenigen Sekunden wurden meine Knie glühend heiß und meine Aufmerksamkeit schwand dahin. Wie sollte man nur die Gegenwart beobachten, wenn dieser Schmerz da war, als würde hinter mir ein gemeiner Mönch die ganze Zeit mit einem Messer in meinen Rücken stechen? Egal wie ich meine Position auch änderte, der Schmerz verging nur für kurze Momente.

Schließlich ertönte wieder der Gong. Enttäuschend: Es befand sich erneut keine neue Erkenntnis in meinem Geist. Man sollte nicht danach suchen, das war mir bewusst, jedoch versuchte ich es natürlich trotzdem.

Jeder Mensch geht arbeiten, um Geld damit zu verdienen. Keiner arbeitet und erschafft als Nebenprodukt Geld, richtig? Ja, es ist definitiv sehr schwierig für Menschen, nicht mehr zu wollen, wenn man doch weiß, dass man mehr haben kann. So fiel mir auf: Je mehr ich versuchte, gegen den Schmerz anzukämpfen und meinen Geist dazu zu bringen, sich zu beruhigen, desto erfolgloser waren die Sitzungen letztendlich.

Der erste Diskurs fand statt. Ich glaube, jeder Teilnehmer freute sich auf diesen Teil des Abends. Endlich etwas Entertainment. Endlich etwas anderes als nur zu meditieren. Die englischsprachigen Schüler blieben in der großen Halle, die Einheimischen gingen in eine etwas kleinere Halle, um dort eine Übersetzung in ihre Sprache hören zu können. Zunächst blieb ich in der großen Halle und schaute mir die Originalversion dieser Diskurse an. Dazu wird auf einer großen Leinwand eine ungefähr anderthalbstündige Aufnahme von S. N. Goenka gezeigt, bei der er über die Technik spricht, die wir momentan erlernen. Er beantwortete von ganz allein so ziemlich alle Fragen, die einem an diesem Tag höchstwahrscheinlich durch den Kopf geschossen waren. Er erzählte Geschichten zur Veranschaulichung auf eine sehr einzigartige, amüsante Art und Weise. Goenka schaffte es, alle mit seiner charmanten und bodenständigen Art in seinen Bann zu ziehen. Anschließend fand dann die kürzere Meditation zum Abschluss von nicht mehr als 30 Minuten statt, in die wir nun schon mit ein bisschen mehr Wissen hineingingen, dass wir durch den Diskurs erlangt hatten. Zum Abschluss blieb einem bei Bedarf eine halbe Stunde Zeit, seinem Lehrer Fragen zu stellen, falls etwas über die Technik oder auch die Diskurse unklar bleiben sollte. Hier war es deshalb durchaus erlaubt, die Edle Stille zu unterbrechen. Auch für andere Anliegen, zum Beispiel gesundheitliche Probleme, war hier Platz. Was die einzelnen Diskurse angeht, möchte ich Ihnen an dieser Stelle noch nicht zu viel verraten. Lediglich die Dinge, die mir besonders in Erinnerung geblieben sind und die mich letztendlich zu Erkenntnissen über das Leben geführt haben, werde ich hier genauer erläutern.

An diesem Abend jedenfalls gab mir der Diskurs sehr viel Kraft. S. N. Goenka verstand es, Menschen zu motivieren. Er wiederholte immer wieder, dass dies der erste Tag sei und wir uns nicht so viel von diesem Tag erhoffen sollten, ganz nach dem Motto: Rom wurde ja auch nicht an einem Tag erbaut. Das gefiel mir und ich fühlte mich bestätigt darin, erstmal geduldig zu bleiben.

Anapana, die Technik, die wir in den ersten drei Tagen erlernen sollten, stand ebenfalls im Mittelpunkt seiner Ansprache. Nochmals schilderte er uns die Wichtigkeit der richtigen Ausführung: klarer Geist, die Realität akzeptieren und das Dreieck zwischen Nase und Oberlippe beobachten.

Darüber hinaus erklärte er uns das „Naturgesetz", wie er es nannte: *„This too shall pass" (Dies auch, wird vergehen)*. Alles auf unserer Welt sei in ständigem Gange, in einem ständigen Fluss, sagte er uns. Alles was existiert, vergehe. Alle positiven Dinge enden eines Tages, genau so wie all die negativen Dinge des Lebens. Freude, Schmerz, Liebe, Trauer, Hoffnung, alles! Wenn wir weiter unseren Geist trainierten, würden wir diese Erfahrung machen. Wir würden es in uns erkennen, in anderen und in der Natur. Es manifestiere sich tief in unserem Unterbewusstsein, denn wir erführen es nicht nur auf einer intellektuellen, sondern auf einer experimentellen Ebene.

Bis dahin war mir der gravierende Unterschied dieser zwei Ebenen noch nicht bewusst. Wissen ist schließlich Wissen, ob experimentell oder intellektuell. Für mich war es ein und dasselbe. Schaut man sich ein kleines Kind an, wird hier jedoch ganz deutlich, worauf Goenka hinaus wollte: Erklären Sie einem Sechsjährigen, dass man eine Herdplatte nicht anfassen darf, da sie sehr heiß ist, man sich eine schlimme Verbrennung zuzieht und schlimme Schmerzen erleidet, versteht das Kind dies nur auf einer intellektuellen Ebene. Es versteht, dass die Herdplatte heiß ist und es sich zu seiner eigenen Sicherheit lieber davon fernhalten sollte. Manche Kinder mögen dem weisen Rat der Eltern folgen, doch manch andere suchen bei der nächsten Gelegenheit das Spiel mit dem Feuer. Sie fassen die Herdplatte an und verletzen sich dabei schwer. Das Kind fängt an zu weinen, da es nun auf einer experimentellen Ebene erfahren hat, was wirklich passiert, wenn es die Herdplatte anfasst. Sich vorzustellen, dass etwas wehtut, ist ganz eindeutig anders, als es am eigenen Leibe zu verspüren. Viele würden jetzt behaupten, dass dieses Kind vielleicht nicht sonderlich weit entwickelt ist oder sogar eine schlechte Erziehung genossen hat, denn es hört nicht auf den weisen Rat eines Erwachsenen. In Wahrheit verspürt es nur den Drang, den Rat auf experimentelle Weise zu verstehen. Denn nur so lernen wir alle wirklich, auch als Erwachsene. Dinge intellektuell zu verstehen, ist gut, experimentell ist besser! Ein solches Kind ist also ganz und gar nicht unterentwickelt.

Nennen wir es Nico. Nico behält seine Eigenschaft bei. Mit 20 Jahren entscheidet er bei einer gemeinsamen nächtlichen Runde mit seinen Freunden, Unternehmer zu werden. Nico studiert weder Betriebswirtschaft, noch hat er bislang jemals etwas mit Business zu tun gehabt. Gegenüber sitzt ihm sein Freund Dirk. Dirk findet den Vorschlag prächtig, denn er selbst studiert schon im dritten Semester BWL. Ebenfalls ist Dirk sehr belesen, was dieses Thema angeht, denn er hat schon viele Fachbücher durchgearbeitet. Sie schließen eine freundschaftliche Wette ab. Wer wird wohl schneller der bessere Unternehmer sein? In einem Jahr würden sie ihre Erfolge vergleichen.

Dirk rennt gleich am nächsten Tag in die Bibliothek und schnappt sich alle Bücher über das Unternehmertum, die er nur finden kann. Darüber hinaus bucht er sämtliche Seminare von sogenannten Top-Mentoren, womit er den ganzen Sommer verbringen würde. Er ist der festen Überzeugung, dass sie ihm alles Wichtige mit auf den Weg geben werden, beispielsweise was er braucht, um ein erfolgreicher Unternehmer zu werden – womit er auch nicht ganz Unrecht hat. Zusätzlich dazu recherchiert er täglich mehrere Stunden im Internet zum Thema. Nico hingegen hat eine völlig andere Herangehensweise. Er macht sich am nächsten Tag auf in den nächsten Elektrofachmarkt. Dort kauft er einen durchschnittlichen Mixer, der seinem Budget entspricht. Nico recherchiert am Abend, welche Früchte die Menschen aus seinem Heimatland am liebsten konsumieren. Die nächsten Tage nutzt er sein Wissen und mixt die besagten Früchte zusammen. Nach vier Wochen hat er endlich eine Rezeptur gefunden, die ihm gefällt. Er füllt alles in kleine Flaschen ab. Freunde und Familie bekommen jeweils eine. Einigen davon schmeckt es besonders gut und sie wollen welche kaufen. Unter der Hand verkauft er einige Flaschen an Freunde und Bekannte. Nun ist er zuversichtlich, dass sein Produkt Potenzial hat. Er leiht sich ein wenig Geld von seinem Vater. Denn er will ein Kleingewerbe anmelden und anschließend alle nötigen Genehmigungen beantragen, um sein Produkt auf dem Wochenmarkt verkaufen zu dürfen. Dazu gehört zum Beispiel die Lizenz zur „Bewirtung im Freien" vom Ordnungsamt. Nicos Idee kommt an und er verkauft zahlreiche Flaschen auf dem wöchentlichen Markt. Darüber hinaus schließt er einige Deals mit Zulieferern aus der Region ab, da sie seine Idee gut finden. Nach einem Jahr ziehen Nico und Dirk Bilanz. Dirk hat sich inzwischen ein unglaubliches Wissen angeeignet. Sein Wissen übertrifft alle Erwartungen. Er kommt zum Treffen und legt Nico seinen Businessplan vor und seine genaue Marketingstrategie. Durch eine kleine Präsentation erklärt er ihm, wie er sich am Markt positionieren möchte und wie er für die nächsten Jahre aufgestellt ist. Sein Firmendesign hat er schon professionell anfertigen lassen und er wartet nur noch auf die Zusage einzelner Investoren, damit sein Projekt so richtig durchstarten kann. Nico ist schwer beeindruckt und fasziniert von der ganzen Materie. Damit kann er nicht mithalten! Er hat weder einen Business- noch einen speziellen Marketingplan. Sein Produkt ist jedoch schon seit gut zehn Monaten auf dem regionalen Markt und fährt sichtbare Gewinne ein. Pro verkaufte Flasche kann er einen Gewinn von zwei Euro verbuchen. So können pro Markttag schon mal bis zu 200 Euro zusammenkommen. Da Nico es satt hat, morgens so früh aufstehen zu müssen, hat er gerade seinen Freund Jannik eingestellt, der für 10 Euro die Stunde am Morgen die Flaschen verkauft. In Zukunft möchte Nico expandieren und auf viele weitere Wochenmärkte in der Region gehen, damit sein Saft weiter bekannt wird.

Dieses Beispiel ist sehr fiktiv, jedoch zeigt es ganz klar den Unterschied. Wenn es darum geht, wer nun der bessere Geschäftsmann ist, lassen sich viele Standpunkte argumentativ vertreten. Auf der intellektuellen Basis ist Dirk definitiv der Gewinner. Er weiß viel mehr über das Geschäftsleben, dennoch hat er im laufenden Jahr noch keine Umsätze erwirtschaftet. Natürlich ist nicht ausgeschlossen, dass Dirk in den kommenden Monaten Umsätze einfährt. Jedoch ist dies zum aktuellen Zeitpunkt eben nicht der Fall. Streng genommen ist er auch kein Unternehmer, denn er hat überhaupt kein Unternehmen. Wissen über etwas zu haben, macht aus einem Menschen keinen Praktiker und keinen Experten.

Nico hingegen hat sein ganz eigenes Wissen, das er in diesem einen Jahr gesammelt hat. Bücher hat er nicht gebraucht. Denn alles, was er lernen musste, lernte er auf experimenteller Ebene – learning by doing eben. Durch zahlreiche Erfahrungen, die er gemacht hat, bekam er ein tiefgründiges, experimentelles Verständnis für die Dinge, die er getan hat.

Ich frage Sie nun: Bei wem sitzt das Wissen wohl tiefer? Bei einem Menschen, der etwas darüber gelesen hat oder bei einem, der durch Erfahrung zu einer Erkenntnis gekommen ist? Intellektuelles Wissen über das Unternehmertum bedeutet noch lange nicht, dass man ein Geschäftsmann ist. Die eigenen Erfahrungen machen den eigentlichen Geschäftsmann aus.

Ein weiteres Beispiel: Sie lernen eine Sprache, vielleicht Französisch. Nach wenigen Wochen wissen Sie alles über die Sprache. Sie haben einen unglaublichen Wortschatz und auch die Grammatik liegt Ihnen. Allerdings haben Sie sich noch nie auf Französisch mit jemandem unterhalten. Sie kennen zwar die Wörter, jedoch sprechen Sie diese nicht aus. Sie wissen nicht, wie man sie richtig betont, und üben sich nicht in der Anwendung. Würde das für Sie einen Sinn ergeben, eine Sprache auf diese Weise zu lernen und sie nicht zu sprechen? Vermutlich nicht. Es ergibt überhaupt keinen Sinn, da ein Zusammenspiel aus Vokabeln lernen und Gesprächsübungen wichtig ist, um eine neue Sprache zu erlenen.

So ist es auch mit unserem Verstand. Intellektuelles Wissen ist gut und die Grundlage unseres Handelns. Für ein vollständiges Verständnis fehlt jedoch die experimentelle Erfahrungsebene.

Mir war dieser gravierende Unterschied in diesem Moment zwar auf der intellektuellen Ebene bewusst, jedoch hatte ich auf der Erfahrungsebene überhaupt keine Ahnung. Am darauffolgenden Tag sollte sich dies jedoch ändern.

Sie können Ihr intellektuelles Wissen erfahren, sonst ist es ein Wissen, das Ihnen nicht im Entferntesten etwas bringt. Zu guter Letzt entließ uns Goenka mit den Worten in die Nacht: „Versucht, weder Verlangen noch Ablehnung zu erzeugen, egal gegenüber welchen Dingen. Das Ziel ist es, in jeder Situation gleichmütig zu bleiben. Dann findet ihr pure Harmonie, Frieden und Liebe. Verlangen und Ablehnung sind die Grundlage allen Elends". Diese Worte gaben mir wieder Kraft und Motivation für den nächsten Tag und ich fiel erschöpft ins Bett.

„Solange du dem anderen sein Anders-sein nicht verzeihen kannst, bist du noch weit ab vom Weg zur Weisheit."

Aus China

3. Kurz vor knapp

Heute geht die Technik einen Schritt weiter. Nun dürfen wir nicht nur unseren Atem beobachten, sondern den Moment, wenn die Atemluft unsere Nasenflügel berührt. Darüber hinaus sollen wir beobachten, ob die eingeatmete Luft kälter ist als die ausgeatmete. Ich freue mich über die neue Aufgabe, ein wenig Abwechslung tut ganz gut.

Nach zwei Stunden Meditation stehen wir wieder beim Frühstück an. Wieder einmal kommen mir unglaublich wirre Gedanken und Bilder in den Sinn. Anderseits haben sie nicht wirklich viel mit Sinn zu tun. Mich quält die Frage, wieso ich mir das freiwillig antue, wieso ich nicht einfach abbreche und einen entspannten Urlaub in Phuket genieße. Allerdings wollte ich ja eine Veränderung, wollte Glück, Harmonie und Frieden erfahren. Das war der Preis, der zu bezahlen war. Die Erlösung kam nach Ende der zwei Stunden und ich freute mich einfach nur auf mein Frühstück.

Im Laufe des Tages rang ich mit den Meditationsstunden, denn Spaß machten sie mir nicht wirklich. Ebenfalls kämpfte ich mit mir und meinen Gedanken. Verzweifelt versuchte ich, sie abzuschalten, doch gelang es mir nicht. Ich sollte mich doch einfach nur auf meinen Atem konzentrieren, mehr nicht. Wenn ich in den Pausen nicht gerade in der Gegend herumstarrte, aß ich oder schlief. Es war ein ziemlich einfacher Tagesablauf. Mit Produktivität hatte das nichts zu tun. Die Schmerzen waren nach den einzelnen Meditationssitzungen wie weggeblasen, als hätten sie nie existiert, als würde ich sie mir nur einbilden. Nach fünf Sekunden des Sitzens reihten sie sich jedoch wieder in meinem oberflächlichen Geist ein. Mir wurde mehr und mehr klar, dass es dazugehörte, Schmerzen auszuhalten und zu akzeptieren. Nur: Über zehn Stunden am Tag Akzeptanz gegenüber Schmerzen zu empfinden, brachte mich an meine Grenzen. Meine Psyche und mein Körper wurden auf eine harte Probe gestellt.

Unser Lehrer sagte uns immer wieder, wir sollten den Körper als Objekt sehen, also wie eine Sache, als würde er nicht zu uns gehören. Wir sollten versuchen, uns nicht mit dem Schmerz, den wir empfanden, zu identifizieren. Das war jedoch schwierig, wenn man sich 21 Jahre lang mit jedem kleinen Wehwehchen identifiziert hatte!

So verging Stunde um Stunde. Mein Kopf dachte über alles Mögliche nach, jedoch über nichts Wichtiges. Mich regte es sehr auf, dass meine Gefühlswelt von Aggressionen geprägt war. Als jedoch das Fass gerade drohte überzulaufen, gewann ich eine Erkenntnis, die meine Lebenseinstellung für immer rundum verändern würde.

Die großen Wellen kann man nicht bekämpfen

15:30 Uhr, auf dem Weg zur großen Halle, ging mir der Gedanke, gleich wieder den Schmerzen ausgesetzt zu sein, nicht mehr aus dem Kopf. Trübsal machte sich breit. „Naja, immerhin wird meine Willenskraft trainiert" dachte ich mir. Aber ist dies auch der richtige Weg, um mit Widerständen umzugehen? Genau in diesem Moment schoss mir plötzlich ein Zitat durch den Kopf, dass ich als kleiner Junge in einem Zeichentrickfilm aufgeschnappt hatte. „Die großen Wellen kann man nicht bekämpfen". Im besagten Film geht es um einen Surfer, der als Außenseiter in einem Wettkampf startet, wo nur die Besten der Besten teilnehmen. Er hatte keine Chance zu gewinnen. Als er jedoch seinen Surf Mentor traf, änderte sich dies. Sie trainierten zusammen und als der Junge beim verzweifelten Versuch die Wellen zu surfen scheiterte, sagte ihm sein Lehrer: „Entspann dich, mach dich mal etwas locker, denn die großen Wellen kannst du nicht bekämpfen". Dieses Zitat schoss durch mein neuronales Nervensystem und es kribbelte in meinem ganzen Körper. Für einen Moment blieb ich stehen und war sprachlos. Sprachlos darüber, wie tiefgründig dieser Satz doch war und ich war fasziniert von seiner Bedeutung. Es erschien mir wie ein Segen aus dem Universum zum richtigen Zeitpunkt. Denn er hatte so viel Tiefe! Vielleicht haben Sie die Tiefe schon beim Lesen erkannt. Wenn nicht nehmen Sie sich einen Moment Zeit, um darüber nachzudenken, wieso dieser Satz in dieser Situation so bedeutend sein könnte. Nehmen Sie sich die Zeit um sich selber in meine Situation zu versetzen. Denken Sie daran, die experimentelle Erfahrungsebene ist viel tiefgründiger als die Intellektuelle!

Warum war dieser Satz, der aus einem Zeichentrickfilm für Sechsjährige stammt, so bedeutend? Wenden wir diesen recht einfachen Satz mal auf das Leben an. Die großen Wellen stellen hier das Leben dar, also folgt daraus: „Entspann dich, mach dich mal etwas locker, denn das Leben kannst du nicht bekämpfen". Jedoch tun wir Menschen genau dies. Wir sind täglich damit beschäftigt gegen das Leben anzukämpfen anstatt es so zu akzeptieren, wie es ist. Dafür mal ein kleines Beispiel. Haben Sie auch diese Menschen in ihrem Umfeld, die sich täglich beschweren, wie schlecht es ihnen geht? Die sich über ihre familiären, finanziellen oder politischen Situationen beschweren. Hier mal ein paar Sätze, die von diesen Menschen gerne mal gesagt werden: „Ach die da oben, die machen doch eh was sie wollen! Ich als Einzelner kann doch eh nichts ändern. Hätte, hätte, Fahrradkette. Bei anderen vielleicht, aber bei mir sieht das ganz anders aus" und so weiter.

Man kann das Leben jedoch nicht bekämpfen. Verstehen Sie mich bitte richtig, es ist völlig normal, dass man sich einfach mal scheiße fühlt oder keine Lust zu etwas hat. Trauer, Wut und Angst, das sind alles völlig normale Emotionen. Sie sind etwas Gutes, jedoch muss man sie akzeptieren. Wenn Sie traurig sind, dann seien Sie eben traurig und versuchen Sie gleichmütig zu reagieren. Trauer kommt und Trauer vergeht, nichts ist beständig im Leben, das ist Gesetz der Natur. Menschen, die so eine Denkweise haben, haben meistens auch den Drang sich für eine solche Aussage verteidigen zu müssen. Eine Antwort, die ich schon oft gehört habe ist Folgende: „Ja, aber sag das mal einer Mutter, die ihr Kind verloren hat! Deren Ehemann sich im Anschluss scheiden lassen hat und die durch diesen Schicksaalschlag ihren Job verloren hat. Anschließend begann noch der schon in die Jahre gekommene Familienhund Selbstmord und zusätzlich wurde sie noch schwer krank. Du bist weder verheiratet, noch hast du eigene Kinder und du arbeitest nicht mal. Du hast keine Ahnung vom Leben, sei du mal in dieser Situation!". Ich muss dann meistens schmunzeln, denn irgendwo haben sie Recht. All die aufgezählten Dinge habe ich nicht. Jedoch geht diese Argumentation nicht auf meine Aussage ein. Ich wünsche keinem einen dieser Schicksalsschläge! Aber was bringt es dagegen anzukämpfen, wenn man sich in so einer Situation befindet? Der besagte Hund wird sicher nicht von den Toten zurück kommen, auch wenn man es noch so sehr wünscht. Alles kommt und vergeht. Jeder Mensch, der jetzt gerade genauso wie Sie einatmet hat ein Ablaufdatum für sein Leben. Sein Stündchen hat irgendwann geschlagen, früher oder später. Trauer, Wut, Frustration gehören zum Leben dazu, aber wir akzeptieren diese Tatsache nicht. Wenn wir einen schweren Schicksalsschlag hinnehmen müssen, wehren wir uns dagegen. Diese Reaktion ist auch völlig gerechtfertigt und jeder kann alles auf seine eigene Art und Weise verarbeiten. Entwickeln Sie jedoch Gleichmut und akzeptieren die Tatsache, dass alles entsteht und vergeht, können Sie damit auf einer ganz anderen Ebene umgehen. Wellen sind niemals unendlich, sie entstehen und vergehen wieder. Dann versucht man nicht mehr eine Lösung zu finden! Man versucht auch nicht einen Ausweg aus der Trauer zu finden und genauso versucht man auch nicht diesen Menschen weniger zu lieben. Man akzeptiert, den Verlust und lernt damit zu leben. Dies ist keine Belehrung, jeder soll bitte mit seinen Emotionen so umgehen, wie es ihm am besten hilft. Wenn Sie sich jedoch in einer Situation befinden, in der Sie Ihre Emotionen nicht bändigen können, können Sie diese Denkweise gerne mal ausprobieren. Ich bin sicher es hilft Ihnen, denn mit Leid umgehen zu können, ist der erste Schritt auf dem Weg zum Glück!

Zurück zu den Rückenschmerzen. In den Meditationen zuvor saß ich abgelenkt vom Schmerz da und versuchte verzweifelt und mit allen Mühen eine neue Sitzposition zu erfinden. Glauben Sie mir, ich habe die wildesten Positionen versucht und teilweise mit Millimeterarbeit versucht von den Schmerzen befreit zu werden. Es half leider alles nichts, der Schmerz war die ganze Zeit präsent. Man kann das Leben jedoch nicht bekämpfen, sowie man den Schmerz nicht bekämpfen kann. Ich hatte noch neun Tage vor mir, an denen ich bis zu elf Stunden am Tag meditierte. Jedes Mal versuchte ich meine Position zu ändern, dies fördert vielleicht meine Kreativität, minderte aber nicht meine Schmerzen. Also versuchte ich sie nicht zu bekämpfen, sondern akzeptierte den Fakt, dass ich diesen Schmerzen jetzt noch eine lange Zeit ausgesetzt sein werde. Im Anschluss an jede Meditations session verschwanden sie schließlich wieder. Was dann geschah, verwunderte mich. Angekommen an einem Punkt, an dem ich sie fast nicht mehr aushalten konnte, verschwand das Schmerzgefühl. Der Schmerz war immer noch da, jedoch war das Gefühl weg. Ein magischer Zustand, in dem man sich schier unbesiegbar fühlte. Vielen Menschen, die so eine Erfahrung noch nie erlebt haben, fällt es schwer, sich dies vorzustellen. Zugegeben, vor meiner Reise zum Aschram und den ersten Stunden in Meditation konnte ich mir dies selber nicht vorstellen. Um Ihnen jedoch ein Gefühl dafür zu geben, bitte ich Sie nun, sich einmal einen Besuch beim Zahnarzt vorzustellen. Stellen Sie sich vor Ihre Backen werden durch eine Spritze betäubt und nach wenigen Minuten spüren Sie, wie diese ganz taub werden. Vermutlich befand sich jeder von Ihnen schon in einer solchen Situation. Wenn Sie nun auf die Innenseite Ihrer Backe beißen, stellen Sie fest, dass Sie keinen Schmerz empfinden. Was Sie jedoch empfinden, ist ein dumpfes Gefühl, dass etwas gerade versucht, Ihnen in die Backe zu beißen. Sie haben keinen Schmerz, nur das Gefühl, dass dort etwas ist. Wenn Sie es schaffen völlige Akzeptanz zu entwickeln, ist es ein ähnliches Gefühl. Sie werden den Schmerz immer noch spüren, jedoch eher wie ein dumpfes Gefühl. Sie betrachten den Schmerz als das, was er ist, als Schmerzgefühl. Sie assoziieren ihn aber nicht mit sich selbst. Es ist einfach Schmerz, der nun da ist und auch wieder vergehen wird. Ein Impuls, der im Universum existiert, nicht nur in Ihnen. In diesem Moment habe ich für mich gelernt, mit Schmerz umzugehen! Frieden, Glück und Harmonie hatte ich in diesem Moment jedoch noch nicht, denn Schmerzgefühle zu akzeptieren und gleichmütig mit ihnen umzugehen, ist eine ganz andere Sache. Indem ich den Schmerz nun nicht weiter zu bekämpfen versuchte, war das Fundament geschaffen, diese Erkenntnis zu erfahren! Zuvor den Schmerzen ausgesetzt fühlte ich mich jetzt wie ein Schiffbrüchiger, dem gerade noch ein Rettungsring zugeworfen wurde um ihn vor dem Ertrinken zu retteten.

„Die Freiheit des Menschen liegt nicht darin, dass er tun kann, was er will, sondern, dass er nicht tun muss, was er nicht will"

Jean-Jacques Rousseau

4. Was ist Realität?

Haben Sie sich schon mal die Frage gestellt, was genau die Realität ist? Im allgemeinen Sprachgebrauch [2] bezeichnet man die Gesamtheit des Realen, als Realität. Real wird etwas bezeichnet, das keine Illusion ist und nicht von den Wünschen oder Überzeugungen einzelner Personen abhängig ist. Des weiteren ist real etwas, das in Wahrheit so ist, wie es erscheint.

Wenn wir die Definition in wenigen Worten zusammenfassen möchten, so kommen wir zu folgenden Stichpunkten, die Realität ausmachen: Bestimmtheit, keine Illusion, nicht von den Wünschen oder Überzeugungen einer einzelnen Person abhängig. Wenn Menschen behaupten, sie leben im Hier und Jetzt und leben genau den Moment, heißt es nichts anderes als dass sie zu 100% die Realität wahrnehmen. Sie ist bestimmt. Es ist keine Illusion und nicht von den Wünschen oder Überzeugungen einer einzelnen Person abhängig. Wenn Sie nun an einem wunderschönen Strand stehen mit Tränen in den Augen, im Hintergrund geht gerade die Sonne unter und sie nippen im viel zu großen Hawaii-Hemd gerade an ihrem Cocktail, schauen Sie auf das offene Meer und denken sich, was für ein schöner Moment. Ich bin so dankbar für mein Leben. Befinden Sie sich in einem solchen Moment in der Realität? Nein. Es ist zwar wunderschön, aber in diesem Moment, in dem Sie beginnen über die Situation nachzudenken, ist Ihre Wahrnehmung auf ihre Gedanken gerichtet. Vielleicht nicht voll und ganz, aber Sie nehmen auf keinen Fall den Moment zu 100% wahr. Das, was Sie sehen, ist zwar (genau) bestimmt und keine Illusion. Jedoch ist dieser Moment von Wünschen oder Überzeugungen abhängig. Die Situation löst in Ihnen Dankbarkeit aus. Es steigert sogar Ihr Selbstwertgefühl. Sie sind wieder auf sich selbst gerichtet. Sie beobachten sich selbst und Ihre Gefühle, daher folgt die Dankbarkeit und das Selbstwertgefühl. Den Moment so wahrzunehmen wie er ist, heißt ihn auch so zu beobachten, ohne die Auswirkungen des Momentes zu beobachten und zu werten. Leider tun Menschen dies andauerd und verschleiern somit die Bedeutung von Realität. Ich bin selber schon viel im Leben herum gereist und als ich 2017 auf dem Gipfel des Berges Le Morne in Mauritius stand und auf die atemberaubende Bucht schaute, behauptete ich ebenfalls, ich lebe gerade ganz im Moment. Nach wenigen Sekunden schmiss ich meine Kamera an, um meinen Instagram-Account zu füttern. Wie Sie sich denken können, befand ich mich nicht im Moment. Definitiv war ich von dem Anblick überwältigt und sprachlos, meine Gedanken waren aber nicht abgeschaltet. Sie kreisten um zahlreiche Themen. Wenn Sie in der Realität sind, dann sind Sie eins mit dem Moment, mit Zeit und Raum und mit sich selbst.

Doch, wie schaltet man seine Gedanken nun ab? Wir haben leider keinen Knopf im Hinterkopf, den wir nur drücken müssen und anschließend ist unser Geist ruhig und ausgeglichen. Der Körper befindet sich zwar in der Realität, der Kopf aber nicht.

Von S. N. Goenka bekamen die anderen Kursteilnehmer und ich immer wieder die Anweisung unsere Gedanken, ebenso zu akzeptieren, wie unseren Schmerz. Das Paradoxe ist nur, wenn Sie denken, ich akzeptiere meine Gedanken, ich denk an nichts, dann denken Sie und sind nicht gedankenlos. Für mich sah dies wie eine unendliche Schleife an verwirrenden Gedankengängen aus. Trocken gesagt, konnte ich mit dieser Anweisung wenig anfangen.

Konzentration

Mit den bis hierhin gewonnen Erkenntnissen startete ich den dritten Tag. Der Tägliche Ablauf wurde langsam zur Routine und auch das Aufstehen um 4 Uhr bereitete mir nicht mehr so große Schwierigkeiten wie zu Beginn. Allerdings war die Morgenmeditation die schlimmste und ein richtiger Albtraum für mich. Sich um 4.30 Uhr für zwei Stunden auf die Meditation zu konzentrieren, mit leerem Magen, das wollte mein Geist nicht mitmachen. Danach ging es jedoch aufwärts und je mehr Stunden des Tages vergingen, umso mehr stieg meine Konzentrationsfähigkeit. Mir fiel es immer leichter, mich der Aufgabe zu widmen. Den Schmerz akzeptierte ich und versuchte ihn größtenteils auszublenden. Hier und da musste ich meine Position noch ändern, jedoch gab ich ihm nicht mehr die Kontrolle über meine Gefühlslage. Ich kämpfte nicht mehr gegen die Gefühle an, sondern begann mit ihnen zu leben. Ich akzeptierte sie als ein Teil des Universums, denn so wie Glücksgefühle, gehören auch die Schmerzgefühle zum großen Ganzen. Mir fiel es jedoch immer noch schwer, meinen Geist auf die Aufgabe zu richten. Wir sollten immer noch Anapana betreiben, uns also auf das Dreieck zwischen Nase und Oberlippe konzentrieren.

Obwohl ich jetzt mit meinen Schmerzen und Gedanken leben konnte, waren sie trotzdem noch präsent. Ich schaffte es zwar für einige Sekunden meinen Geist zu bändigen, aber dann schweiften sie wieder in sämtliche Richtungen ab. Was genau ich daraus lernte? Wir suchen uns sehr oft Ausreden für unsere Probleme und schieben viel vor uns her, was eigentlich mit dem Kern des Problems nichts zu tun hat. Zuvor glaubte ich, dass meine Rückenschmerzen der Grund dafür waren, dass ich mich nicht ganz auf die Aufgabe konzentrieren konnte. War es jedoch nicht. Nachdem ich alle Bedingungen geschaffen hatte, um mich der Aufgabe optimal hinzugeben, musste ich feststellen, dass ich selbst das Problem war. Wenn man keine Kontrolle über sein Handeln und seinen Geist hat, sucht sich der Mensch oft Gründe, auf die man den Kontrollverlust schieben kann. Vor meinem Psychologiestudium habe ich vier Semester Wirtschaftsinformatik studiert. Als ich mich dazu entschloss dieses Studium niederzulegen, gab es viele Gründe, die mich dazu bewegten. Fehlende Motivation, kein Interesse am Fach und das Verlangen danach, mich in anderen Bereichen zu verwirklichen. Einen Punkt jedoch habe ich mir selbst bis zu diesem Zeitpunkt nicht eingestanden. Dass ich während meines Studiums nicht Herr meiner Gedanken war. Dies hat öfter dazu geführt, dass das Lernen für mich oft nur unter physischen Qualen erfolgte. An irgendeinem Punkt konnte ich dies nicht mehr aushalten und entschied mich für den Abbruch des Studiums. Während der intensiven Lernphasen für die anstehenden Klausuren fiel es mir schwer, mich über diesen längeren Zeitraum mit solch semi-interessanten Themen auseinanderzusetzten. Nach ein oder zwei Stunden schweiften meine Gedanken dann meist in ganz andere Richtungen und ich konnte mich nicht mehr konzentrieren. Sicherlich schaffte ich es unter starker Anstrengung mich immer wieder auf das Lernen zu konzentrieren, aber es löste das Problem nur kurzweilig. Nach wenigen Minuten fing mein Kopf wieder an das zu machen, was er will. Damals dachte ich, dass es daran liegen könnte, dass ich mangelndes Interesse am Fach hatte oder dass mir dieses Themengebiet einfach nicht so gut liegt. Dies stimmt auch teilweise, denn wenn Sie etwas gerne tun, fällt es Ihrem Geist leichter, sich damit zu beschäftigen. Wenn Sie wenig oder gar kein Interesse an der Sache haben, fängt Ihr Geist an dagegen anzukämpfen. Wenn Ihr Geist sogar auf Widerstand trifft, überlegt er nach einer gewissen Zeit aufzugeben. Dies ist wie ein Naturgesetz und eine völlig normale Reaktion. Wie wäre es jedoch, wenn Sie Ihren Geist beherrschen? Mir fiel auf, dass mein Verhalten gegenüber der Universität, dasselbe war, welches ich in diesem Moment an den Tag legte. Ich schob die Schuld für meinen Misserfolg wieder auf andere Umstände wie beispielsweise die Schmerzen in meinen Körper. Als ich jedoch beim Meditieren bemerkte, dass ich nichts mehr hatte, womit ich mich hätte herausreden können oder die Verantwortung abgeben könnte, kam ich zu einer Erkenntnis, die man nur auf der experimentellen Ebene voll verstehen kann. Wer glaubt beim Meditieren denkt man über tiefgründige Dinge nach, der hat sich gewaltig geirrt. Vielleicht geht es nicht allen Teilnehmern so. Ich kann an dieser Stelle nur für mich und meine Wahrnehmung sprechen. Ich habe größtenteils nur über den belanglosesten Bullshit nachgedacht, der existiert. Und mit Bullshit meine ich Bullshit. Ganz im Ernst, ich habe über alles nachgedacht, nur nicht über mich selbst. Es ging so weit, dass ich dort ernsthaft saß und darüber nachdachte, ob Indianer damals wohl eine Affäre mit Cowboys gehabt haben. Beachten Sie bitte, dass ich über zwölf Stunden mit dem Flugzeug ans andere Ende der Welt gefolgen bin. Nur um mir dann den Kopf darüber zu zerbrechen, wie Cowboys und Indianer ihre Affären wohl geheim gehalten haben. Glauben Sie mir, wenn Sie keine Probleme haben, dann macht ihr Kopf Ihnen schon welche. Anstatt mich damit auseinanderzusetzten wie die Technik funktioniert geschweige denn sie anzuwenden, dachte ich lieber über eine Western-Romanze nach. Überraschenderweise wurde ich mir meiner Lage jedoch bewusst und mir lief in diesem Moment bei 30 Grad im Schatten ein kalter Schauer über den Rücken. Schockiert fiel mir auf, dass alles worüber ich die ganze Zeit nachgedacht hatte nicht real war. Alles, was in unseren Köpfen passiert, existiert nicht! Es existiert nur das, was Sie in diesem Moment in Ihrer Umgebung wahrnehmen. Dies wird für Sie jetzt nichts sonderbar Neues sein, allerdings sollte man dies auf der experimentellen Ebene verstehen. Mir war zuvor natürlich klar, dass all die Sorgen nicht real sind. Jeder kennt diese Sprüche wie „Mach dir Sorgen, wenn es so weit ist", aber ich verstand diese nur intellektuell. Als ich jedoch dort in der Meditationshalle auf Platz 8C saß, bemerkte ich wie mein Geist sich immer weiter Probleme suchte als wäre er mein Feind. Er suchte sich immer mehr Dinge, die ihn von der Realität ablenkten. Diese Dinge waren teilweise so kurios, dass sie überhaupt keine Relevanz für mein Leben hatten. Sie waren aber nicht real. Jeder von Ihnen hat wahrscheinlich ein Wunschbild von sich selbst im Kopf. Jeder von Ihnen sieht sich vielleicht schon vor seinem inneren Augen am Strand liegen oder plant gerade seine Zukunft auf andere Weise. Typische Beispiele sind folgende

Gedankengänge: „Ach nächste Woche da werde ich erstmal den Rasen mähen, wenn es trocken ist. Dann muss ich noch meinen Reisepass beantragen und wenn ich meine hart verdiente Rente endlich erreicht habe, dann nehme ich mir erst mal eine Auszeit und reise um die Welt".

Den größten Teil der Zeit eines Tages verbringen wir mit solchen Gedanken. Diese sind aber nicht real, Sie denken in diesem Fall über Sachen nach, die nicht existieren, Sachen, die es nicht gibt! Ihr „nächste-Woche-Ich" existiert nicht in der Gegenwart. Es ist natürlich von höchster Relevanz, seine Zukunft zu planen und jeder kann auch mal in diesem Gedanken hängen bleiben, jedoch leben viele Menschen ausschließlich in ihren Gedanken. Wenn Sie vorhaben, Ihren nächsten Urlaub in der Karibik zu verbringen, dann planen Sie ihn ruhig in ihrem Kopf. Aber verbringen Sie nicht ihre gesamte Zeit lediglich mit dem Gedanken an den Urlaub, sondern setzen Sie diesen Gedanken um und handeln.

Raus kommen aus dem Kopf ansonsten sitzen Sie im Urlaub und sind nicht im Moment, sondern planen auch dort. Wenn Sie arbeiten, denken Sie an ihren Urlaub, im Urlaub denken Sie vielleicht an Ihre Familie, denken vielleicht über die Kultur des Urlaubortes nach oder wenn Sie die A-Karte haben, denken Sie sogar im Urlaub an Ihre Arbeit. Sie denken an alles Mögliche, aber Sie sind nicht im Moment, denn dafür müssten Sie Ihren Kopf einfach mal ausschalten. Wenn Ihnen jedoch auf einer experimentellen Ebene bewusst wird, dass alles, worüber wir täglich nachdenken nicht real ist, wird Ihnen klar, wie Sie täglich ihre Zeit mit Dingen verschwenden, die nicht existieren. Wir Menschen machen uns so viele Gedanken. Die nächste

Woche ist angesichts des aktuellen Momentes nicht real. Ihr anstehender Urlaub ist auch nicht real. Genauso sind Ihre Pläne für die Rente nicht real. Ich wünsche keinem von Ihnen etwas Schlechtes, jedoch weiß keiner von Ihnen zu 100%, ob er den laufenden Tag überleben wird, setzt sich aber trotzdem im Kopf mit solchen Sachen andauernd auseinander. Haben Sie schon mal ein Buch gelesen und am Ende der Seite bemerkt, dass Sie den Inhalt nicht mehr wiedergeben können? So geht es den meisten Menschen und auch ich erwische mich öfters mal dabei. Kennen Sie es vielleicht auch, wenn Sie ein Buch gelesen haben, dass sie am Ende den Inhalt nicht mehr so ganz wiedergeben können. Natürlich wissen Sie die grundlegenden Fundamente noch und können die ein oder andere These noch wiedergeben. Jedoch passiert es hier und da auch, dass Sie einige wichtige Aspekte vergessen haben. Gefährlich wird es dann, wenn Sie im Auto sitzen und sich nicht mehr an die letzten Minuten der Fahrt erinnern können. Wenn Sie öfters längere Strecken am Stück fahren, werden Sie sicherlich in dieser Zeit auch mal mit Ihren Gedanken abgeschweift sein. Mir ging es häufiger so, dass ich beim Autofahren auf längeren Strecken teilweise in Gedankengängen versunken war. Sodass ich verwundert über das Lenkrad schaute und mich fragte, wo denn die letzten Minuten hin sind. Solche Momente sind die besten Extrembeispiele dafür, dass wir ständig ungewollt in unseren Köpfen unterwegs sind. Die Kunst hier nicht abzuschweifen, scheint manchmal unmöglich. Wie jedoch können Sie diesen imaginären Feind bekämpfen? Indem Sie sich bewusst werden, dass dieser Feind erstens Ihr Feind ist und zweitens seine Waffen nicht real sind. Intellektuell mögen viele Menschen wohl verstehen, was es bedeutet in der Realität zu sein. Wenn es jedoch so einfach wäre, warum sind Sie es dann nicht immer? Die meisten Menschen sind tatsächlich so ich-bezogen, dass sie denken ihre Gedanken seien die Wichtigsten. Sie akzeptieren gar nicht, dass man ihnen ein Streich spielt, denn in ihren Augen ist all das, was in ihren Köpfen vorgeht von äußerster Wichtigkeit. Wenn jemand starkes Übergewicht hat und beim Versuch einer Diät scheitert, dann redet er sich 100 Gründe dafür ein, wieso sein Verhalten das Richtige sei. Er möchte aber nicht verstehen, dass dadurch, dass er sich in einer für ihn extremen Situation befindet, sein Geist ihn schnellstmöglich davon befreien möchte. Ist es nicht absurd, dass jemand der abnehmen will andauernd an Essen denkt? Wie kann mir so ein Mensch (einerseits) sagen, er sei in der Lage sein Inneres zu steuern, wenn er es (andererseits) nicht schafft, diese Gedanken fernzuhalten. Er möchte ja abnehmen! Darüber hinaus möchte er bestimmt auch nicht, dass sich alles um Essen dreht. Doch er hat keine Macht darüber, keine Kontrolle. Manchmal könnte man meinen, dass unser Kopf von jemand Fremdes gesteuert wird, der es nicht mag, dass wir in eine Richtung gehen, die ihn aus der Komfortzone locken wird. Daher werden Sie sich darüber im Klaren, dass ihre Gedanken nicht immer richtig sind! Sie sind nicht wichtig, sie sind nicht real, denn sonst geben Sie ihrem eigenen Feind zu viel Macht und Kontrolle.

Außerdem werden Sie sich bewusst, dass alles was da oben in Ihnen vorgeht, nicht immer was mit der Wirklichkeit zu tun hat. Wenn Sie darüber traurig sind, dass es ihnen ja in Zukunft so schlecht gehen könnte, ist dies nicht real. Wieso verschwenden Sie Ihre kostbare Zeit auf diesem Planeten mit Gedankengängen, die nicht real sind? Funktioniert auch super, wenn Sie sich etwas abgewöhnen wollen wie zum Beispiel das Rauchen. Wenn Sie es auf der experimentellen Ebene verstanden haben, werden Sie den Gedanken zur Zigarette zu greifen akzeptieren, ihn aber als nicht real und wichtig interpretieren.

Als mir all dies innerhalb weniger Sekunde bewusst wurde, verstand ich nun was S.N Geonka meinte mit den Worten „Beobachte den Moment". Diese Erkenntnis sprengte meine vorherigen Glaubenssätze und öffnete mir das Tor zur Realität. Plötzlich bekam ich einen klaren Verstand, in dem ich auftauchende Gedanken akzeptierte und dann immer kleiner werden ließ bis sie völlig aus meinem Kopf verschwanden. Vorher habe ich mich (und meine Gedankengänge) zu wichtig genommen, aber jetzt konnte ich sie gehen lassen. Wieso auch an etwas Unwichtigen festhalten?

Lange habe ich darüber nachgedacht, wie es ist diesen Moment zu beschreiben, in dem man voll und ganz mit Körper und Seele im Moment ist. Ehrlich gesagt, fällt es mir schwer dies in Worte zu fassen, es wäre so als würden Sie einem Blinden die Farbe Weiß erklären wollen. Sie können ihm Beispiele geben. Wenn Sie sagen, dass Milch weiß ist, wird er seine Hand in ein Glas Milch tunken und sagen okay weiß ist flüssig. Wenn Sie ihm sagen, dass der Tisch weiß ist, wird er vermutlich denken, dass Weiß etwas Glattes oder Quadratisches ist. Dass Weiß aber so viel mehr ist und in so vielen unterschiedlichen Formen vorhanden ist, dies kann er lediglich intellektuell verstehen aber nicht experimentell. So (ist es) auch mit der Realität!

Sie werden einen ganz klaren und gereinigten Verstand besitzen, der nur damit beschäftigt ist die Realität des Augenblickes aufzunehmen. Sie werden so mit allem verschmelzen, dass es Ihnen schon fast komisch vorkommt, dass Sie zuvor so viel nachgedacht haben. Sie sind sich über alles, was in Ihnen und um Sie herum passiert, bewusst. Überwältigende Aufmerksamkeit überflutet Ihren Geist. Sie sind in voller Kontrolle und wenn Sie einen Befehl geben, wird dieser auch ausgeführt. Jede Situation, wird wahrgenommen aber nicht bewertet. Sie denken nicht mehr, Sie handeln!

Das Gefühl danach

Es gefiel mir, meine Gedanken abzuschalten und es war für mich ein ganz neuartiges Gefühl. Endlich schaffte ich es, mich ganz auf die Aufgabe zu konzentrieren. Ich saß nun da und beobachtete meinen Atem, ohne auch nur einen Gedanken zu produzieren. Ich dachte nicht mehr über Sachen nach, die nicht existierten, sondern lebte im Moment. Mein ganzes Bewusstsein beobachtete einfach nur die Natur so wie sie ist in diesem Moment. Da saß ich nun und beobachte einfach nur die Natur. Ein Gefühl des Friedens und der Harmonie durchströmte meine Adern. Plötzlich schallte der laute Gong durch die Meditationshalle und rief mich zurück in die Außenwelt.

Dies war das erste Mal, bei dem ich wirklich über eine Stunde meditiert habe ohne meine Augen zu öffnen. Es war das erste Mal, dass ich meine Gedanken und den Schmerz zwar wahrgenommen habe, sie jedoch nicht in meinen Kopf gelassen habe und es war das erste Mal, dass ich mich die gesamte Zeit auf die Aufgabe konzentrieren konnte. Stolz machte sich breit! Ich hatte zwar keine Ahnung, ob dies das Ziel war, was wir erreichen sollten, jedoch war ich mir ziemlich sicher, dass ich dem Ziel einem gewaltigen Schritt entgegen gekommen war. Jetzt besaß ich alle Werkzeuge, um die Aufgabe auch richtig umzusetzen. Wehmütig verließ ich die Meditationshalle, denn ich hätte zum ersten Mal gerne noch etwas mehr Zeit mit der Meditation verbracht. Nur einen Tag zuvor habe ich noch jede Sekunde gezählt. Jetzt war ich eins mit mir selbst.

Als ich den Vorhang vom Ausgang beiseite zog, traf mich förmlich der Schlag. Ich würde lügen, wenn ich sagen würde, ich nahm die Natur anders wahr. Ich nahm sie genauer und wesentlich detaillierter wahr, so wie sie nun mal ist. Meine Konzentration war nun nicht mehr auf einzelne Dinge zerstreut, nein, sie sah das große Ganze. Es war das Gesamtbild, welches mich so sprachlos machte. Jedes einzelne visuelle Detail, was vorher versteckt geblieben ist, wurde nun genauso wahrgenommen, wie die gigantische Bergkulisse im Hintergrund. Vor mir war eine kleine Ameisenstraße, die mir zuvor niemals aufgefallen wäre. Die Geräuschkulisse explodierte förmlich. Jede Grille, jeder Vogel, einfach jedes Geräusch nahm mit derselben Bedeutung in meinem Kopf Platz. Es verwunderte mich, dass ich es nie so gesehen hatte.

Jetzt brauchte ich Natur! Ich entschied mich das Mittagessen um wenige Minuten zu verschieben, um noch einen kleinen Abstecher in den Wald zu machen. Direkt hinter meinem Zimmer war ein kleines Stück Dschungel, nichts Besonderes, aber es reichte, um ein paar Sekunden in der Natur zu verbringen. In Super-Slow-Motion setzte ich einen Fuß vor den anderen und beobachtete die Natur. Hätte ein Außenstehender mir in diesem Moment zugeschaut, würde er vermutlich denken, ich hätte mir irgendwelche Drogen geschmissen. Mit offenem Mund und staunendem Blick blieb ich hier und da mehrere Minuten vor einem Baum stehen. Völlig fasziniert schaute ich mir jedes kleine Detail an. Ich blieb zum Beispiel mehrere Minuten an einer großen Pflanze stehen und beobachtete, wie kleine Ameisen auf deren Blättern herumliefen und auf der Suche nach Nahrung waren. Sie schauten sich jeden Winkel des Blattes an und wenn sie nichts fanden, gingen sie weiter. Es faszinierte mich! Glauben Sie mir, ich bin der letzte Mensch, der sich für Ameisen oder Pflanzen interessiert, aber in diesem Moment hatte es mich gepackt. Allein die Tatsache, dass sich auf jedem Blatt reihenweise kleine Wassertropfen befanden, löste in mir eine völlige Begeisterung aus. Schlagartig nahm ich jedes Geräusch war und mir fiel es auf einmal sehr leicht, Tiere in der Natur zu entdecken. Vögel, Eidechsen und kleine Käfer, die ich zuvor niemals entdeckt hätte, waren nun nicht mehr unsichtbar für mich. In diesem Moment spürte ich eine Zufriedenheit und pures Glück. Mich verwundert es heute noch, dass die Einfachheit der Natur in der richtigen Betrachtungsweise, so starke Emotionen in mir auslösen konnten. Rechtzeitig beendete ich jedoch meinen Rundgang, um noch etwas von dem Mittagsessen abzubekommen. Die Natur kann atemberaubend sein, aber auf das Essen wollte ich dafür nicht verzichten. Trauigerweise merkte ich jedoch, dass die Gedankenketten, die ich zuvor erfolgreich verdrängt hatte, jetzt raus wollten! Ich konnte noch nicht schlafen, viel zu stark waren meine Gefühle. Schließlich wurde mir heute eine ganz neue Sichtweise der Welt gezeigt. Mir gingen so viele Fragen durch den Kopf, dass ich die Nacht damit verbrachte in meinem Kopf jegliche Antworten durchzukauen. Ich dachte mir: „Wie es möglich sei, dass ich 21 Jahre zuvor so blind durch die Welt gegangen bin? Ob der Zustand wohl morgen auch noch so sein wird? Ist es möglich, ewig so zu leben? Wie funktioniert das oder habe ich es mir nur eingebildet? Ist es die Einsamkeit und die Verzweiflung, die dafür sorgen, dass ich schon anfange zu halluzinieren?". Zahlreiche Fragen füllten meinen Geist und ich tat mich schwer dabei, das Erlebte zu verarbeiten. Jedoch war genau das der Fehler, denn dadurch bewegte ich mich wieder weiter weg von der Realität. Aber endlich hatte ich verstanden, was es heißt zu leben, endlich verstand ich, was es heißt den Moment so auszukosten wie er ist. Und endlich verstand ich, was das wirklich Wertvolle im Leben ist.

„Wenn du die Absicht hast, dich zu erneuern, tu es jeden Tag."

Konfuzius

5. Sehnsucht

Voller Tatendrang sprang ich morgens von meiner Matratze. Es war zwar 4 Uhr, doch ich fühlte mich unstoppable. Ich konnte es kaum erwarten, dass gestern Gelernte wieder anzuwenden. Freude überkam mich alleine schon bei dem Gedanken daran, wie es sein würde wieder im Moment zu leben. Nach einem kurzen Stopp am Wasserspender ging ich voller Entschlossenheit zu meinem Platz. Ich schloss meine Augen und wartete. Ich wartete, aber nichts passierte. Das Gefühl, was mich einen Tag zuvor so umgehauen hatte, kam nicht. Als wäre der gestrige Tag nie geschehen, machten sich sämtliche Gedanken in meinem Kopf breit. Verzweifelt versuchte ich nicht daran zu denken, jedoch war die Sehnsucht einfach zu groß. Ich versuchte mich selber zu beruhigen, schließlich waren mir die morgendlichen Meditationen zuvor nie gelungen und ausschließlich gestern hatte ich es geschafft, einmal alles loszulassen und den Moment zu leben und zu genießen. Also versuchte ich es wieder und wieder. Ich redete mir ein, dass meine Gedanken nicht real sind, aber es stoppte nicht mein Verlangen! Ich wollte es viel zu sehr, als dass ich es erlangen konnte. Zu diesem Zeitpunkt war ich nicht mehr gleichmütig. Ich hatte zwar gelernt mit negativen Sachen gleichmütig umzugehen, allerdings ist man nur gleichmütig, wenn man auch für positive Dinge kein Verlangen sowie keine Abneigung hatte. Abneigung hatte ich hier nicht, dafür aber ein sehr starkes Verlangen. Was ich in diesem Moment nicht verstehen konnte war, dass der starke Wunsch danach kontraproduktiv war. Zuvor bin ich gleichmütig mit negativen Dingen umgegangen und dadurch habe ich es geschafft, meine Gedanken zu kontrollieren. Verlangen ist aber ein ganz anderes Gefühl und den gleichmütigen Umgang damit muss man erst einmal entwickeln. Unwissend darüber versäumte ich den gesamten Morgen auf der Suche nach der Realität.

Einführung in die Vipassanā Meditation

Es war so weit! Nach der Mittagspause wurden wir nun endlich eingeführt in die Vipassana Meditation. An den letzten Tagen haben wir Anapana praktiziert. Diese Praktik diente zur Vorbereitung für die Vipassana Meditation. Zuvor haben wir gelernt unseren Geist zu kontrollieren, Dinge zu akzeptieren und Gleichmütigkeit zu entwickeln. Die Meditationsstunde begann in dem uns genaustens erklärt wurde, wie diese Technik funktioniert. Ich versuche es Ihnen an dieser Stelle einmal kurz zusammenzufassen. Ziel der Vipassana Meditation ist es, ihre Aufmerksamkeit durch den ganzen Körper zu lenken. Durch Selbstbeobachtung liegt Ihr Fokus auf der tiefen Wechselbeziehung zwischen Körper und Geist. Man fängt auf der Spitze des Kopfes an und lenkt dann ganz langsam seinen Fokus auf alle Teile des Körpers. Dabei beobachtet man nur seine Empfindungen und betrachtet diese gleichmütig. Man akzeptiert sie so, wie sie sind. Sie kommen und vergehen. Wenn man etwa eine sogenannte „tote Stelle" hat, dann bleibt man dort ein paar Sekunden mit seiner Aufmerksamkeit, bis sich die ersten Empfindungen bemerkbar machen. Es funktioniert wie ein Body Scan, den Sie mithilfe Ihrer Aufmerksamkeit durchführen. Wenn Sie an Ihren Füßen angekommen sind, starten Sie erneut und gehen dann von Ihren Füßen durch Ihren ganzen Körper. Wichtig ist hierbei, immer gleichmütig zu bleiben und mit klarem Verstand an die Sache heranzugehen. Wenn sie keine toten Stellen mehr empfinden, können Sie das Tempo, mit dem Sie alles betrachten, erhöhen und Ihre Aufmerksamkeit schneller durch ihren Körper jagen. Wenn Sie so weit sind kann es passieren, dass Sie dann den berüchtigten Zustand des Flows erreichen. Dazu jedoch später mehr. Ziel dieser Technik ist es, die Wirklichkeit der Natur in ihrem Inneren zu erfahren. Da wir immer nur nach außen schauen, versuchen wir nie Dinge im Inneren zu sehen. Daraus folgt, dass man in Unwissenheit über sich selbst ist und somit schreibt man all die Wichtigkeit nur den äußeren Dingen zu. Das hat zur Folge, dass wir Menschen die Wirklichkeit so verstehen, wie sie niemals sein wird. Die Vipassana Technik sorgt dafür, dass die Unreinheiten, welche tief in unserem Inneren sind, an die Oberfläche kommen und gereinigt werden können. Diese uralte Technik wurde von Buddha entwickelt, um alle Unreinheiten im Geist zu entfernen. Denn von Geburt an werden wir darauf programmiert immer nur nach außen zuschauen, nicht nach innen. Dieser Teil bleibt unbekannt. Mit Hilfe dieser Technik tun Sie aber genau das! Sie schauen in ihren Körper hinein und beobachten was passiert. Anfangs reicht es, wenn man erstmal nur das Außen beobachtet, später kann man sich dann damit beschäftigen auch das Innere zu beobachten. Das ist die Haupttechnik, um alle Unreinheiten von sich zu befreien.

Den Rest des Tages verbrachten wir damit diese Technik zu praktizieren. Zwischendurch wurden einzelne Schüler nach vorne gerufen und unser Lehrer gab ihnen nochmal einige Tipps mit auf den Weg. Er erklärte kurz nochmal die wichtigsten Aspekte der Technik und erläuterte dann typische Probleme, die bei der Ausübung auftreten können. Dieser kleine Diskurs hat sich für mich als äußerst nützlich erwiesen, da mir hierbei nochmal alle Details der Technik bewusst wurden.

Körperspiel

Der Tag schritt voran und ich beschäftigte mich intensiv mit der Vipassanā Technik. Weiterhin verfolgte mich ein komisches Gefühl des Verlangens nach der Realität. Vipassana mag zwar im ersten Moment einfach klingen, es stellte sich aber als echte Herausforderung heraus, alle Bereiche seines Körpers wahrzunehmen. Versuchen Sie es doch mal selbst, indem Sie einfach ihre Aufmerksamkeit vom Kopf bis zu den Füßen, durch alle Teile ihres Körpers lenken. Ich bin mir ziemlich sicher das auch Sie einige Stellen haben werden, in denen Sie wirklich kein Gefühl haben. Bei mir war es die obere Brust. Dort spürte ich einfach überhaupt nichts. Glücklicherweise gab unser Lehrer uns zuvor einen sehr einfachen, aber effektiven Tipp. Falls Sie meinen, Sie haben eine tote Stelle, an der Sie überhaupt nichts spüren, berühren Sie diese einfach. Schon spüren Sie, dass dort doch etwas ist, das Sie empfinden können. Dies sorgte zwar nicht für die Ultra-Wahrnehmung, es half mir aber wenigstens ab zu etwas zu verspüren. Der Rest des Tages, war nicht gerade von Spannung erfüllt. Angestrengt versuchte ich die neu erlernte Technik anzuwenden, wobei ich mir eigentlich nur wünschte zurück in der Realität zu sein und nicht mehr in meinen Gedanken zu verweilen.

Der abendliche Diskurs kam mir da sehr gelegen, da sich langsam schon die ersten Anzeichen von Erschöpfung bemerkbar machten. So lehnte ich mich zurück, machte es mir bequem und genoss es dem abendlichen Diskurs einfach nur zuzuhören.

„Mein Kopf wollte denken, also dachte er."

Niclas Nadebusch

6. Menschliche Natur

Halbzeit! Die ersten fünf Tage sind vergangen und nun standen noch fünf weitere Tage aus. Mir kam es ehrlich gesagt wie eine Ewigkeit vor. Die Wirklichkeit, die Realität des gegenwärtigen Momentes zu beobachten, das ist Vipassanā. Ich musste nichts weiteres tun als zu beobachten, die Natur macht den Rest. Aufmerksam und Gleichmütig. Was so einfach klingt, war in Wahrheit die härtest Sache, die ich je in meinem Leben gemacht habe. Nicht nur mein Körper, sondern auch meine Disziplin und mein Geist wurden auf die Probe gestellt. Ich wurde langsam müde! Müde von der täglichen Auseinandersetzung mit mir selbst. Müde von der Realität über mich selbst. Viele Menschen begeben sich auf eine Reise zu sich selbst und nennen dies dann „Selbstfindung". Auch im Vorhinein haben viele Menschen zu mir gesagt: „Ja das ist ja toll, da kann man sich ja bestimmt selbst finden". Doch ist Selbstfindung der richtige Begriff? Wenn Sie sich ein „Gab-Year" nehmen, um für mehrere Monate zu reisen, finden Sie sich dann selbst? Oder entwickeln Sie nur eine Ablehnung gegenüber ihrem alten Leben? Wer sich auf die Reise zu sich selbst begibt, sollte vielmehr die Wahrheit, die Realität über sich selbst suchen. Diese finden Sie nicht auf einer Reise, in Seminaren oder an außergewöhnlichen Orten. Diese Realität können Sie nur tief in sich selbst erfahren. Komischerweise habe ich bis dato noch nicht über Entscheidungen, die ich in meinem Leben getroffen habe, nachgedacht. Bevor ich die Reise nach Malaysia angetreten habe, hatte ich mir vorgestellt während der Zeit im Kloster viel über mein Leben nachzudenken, über meine Vergangenheit und über meine Zukunft oder wo ich einmal hin möchte. Außerdem dachte ich, dass ich mich viel mit Entscheidungen beschäftigen würde, die ich in der Vergangenheit getroffen habe. Doch all dies trat nicht ein!

Ich dachte zwar über Menschen nach und so wie es in der menschlichen Natur liegt, nur über die Negativen. Doch ging es da nicht darum, dass die Menschen einen negativen Einfluss auf mich haben, sondern wieso ich damit nicht umgehen kann. Denn das ist die Realität! Ich habe oft den Spruch gehört: „Wenn du der smarteste Typ im Raum bist, dann bist du im Falschen Raum." Die Aussage die sich vermutlich hinter diesem Spruch verbirgt ist, dass sie in einem Raum mit „nicht smarten Menschen" nicht wachsen können. Doch wieso machen Sie Ihr Wachstum davon abhängig, in welchem Umfeld Sie sich befinden? Ich möchte gar nicht bestreiten, dass Sie in einem anderen Umfeld mehr wachsen könnten. Doch wieso sind Sie überhaupt auf ihr Umfeld angewiesen? Witzig daran ist, dass man diesen Spruch häufig von sogenannten „Mindset Coaches", „Motivationstrainer" oder „Speakern" hört, die ja eigentlich was von Selbstfindung verstehen sollten. Leider aber hat es nichts mit Selbstfindung zu tun, wenn Sie das Umfeld wechseln. Selbstfindung wäre es, wenn Sie herausfinden, wieso diese Menschen gerade auf Sie so einen enormen Einfluss haben. Die Wahrheit über sich zu finden kann aber nur in einem abgeschirmten Raum geschehen. Dies funktioniert, da Sie in diesem Raum von sämtlichen Reizen der Außenwelt abgeschirmt sind. Denn in unserem normalen Umfeld neigen wir dazu, uns öfters selbst anzulügen.

Hatten Sie vielleicht einmal vor ein wenig mehr Sport zu treiben, abzunehmen oder haben schon mal an einem Standpunkt festgehalten, obwohl Sie wussten, dass er falsch ist? Was ich Ihnen nun erzähle, wird für Sie definitiv nichts eues sein, trotzdem leben die meisten Menschen einfach damit, ohne der Ursache auf den Grund zu gehen. Wir Menschen neigen dazu, uns Ausreden zu suchen, sobald wir unsere Komfortzone verlassen müssen. Wir suchen solange Ausreden, die unseren Standpunkt unterstützen bis wir selbst von den Ausreden überzeugt sind. Angenommen ein übergewichtiger Mensch, sitzt vor seinem Fernseher und schaut gerade eine Dokumentation über den Ironman. Dann wird er sich vielleicht denken: „Wow, was für eine Leistung! Die machen wahrscheinlich schon Sport seitdem sie klein sind". Sagt man ihm dann, dass dieser durchtrainierte Athlet, der da gerade die Ziellinie überquert, vor 2 Jahren noch über 100 Kilogramm gewogen hat, kommt dann meistens: „Na gut, aber der ist bestimmt kein dreifacher Familienvater und hat sich nicht noch um die Abzahlung der Hypothek zu kümmern." Widerlegt man auch das wieder, heißt es meistens: „Ach ich bin glücklich so wie ich bin, so lange ich meine Familie habe. Ich brauche so etwas nicht!".

Stellen Sie sich jetzt selbst einmal die Frage, ob dieser Mensch die Realität über sich kennt? Er behauptet ja schließlich, dass er dies nicht braucht und vielleicht ist dem auch so. Leider können wir nicht in die Köpfe schauen. Aus eigener Erfahrung weiß ich zumindest, dass dies nicht stimmt. Denn wir setzten uns sehr oft Grenzen, wo keine sind!

Glaubhaft wäre die Situation für mich eher anders herum: „Wow, was für eine Leistung! Die machen wahrscheinlich schon Sport seitdem sie klein sind. Wie lange ich wohl dafür brauchen würde? Naja bei meinem Gewicht bestimmt zwei bis vier Jahre. So faul wie ich bin wohl eher sechs Jahre. Möchte ich die Zeit wirklich damit verbringen? Ach ne, ich bin glücklich mit meiner Familie, vielleicht später."

Die Message ist hier exakt dieselbe, jedoch ist der Umgang mit sich selbst ein ganz anderer. Man fängt bei sich selbst an, ist ehrlich zu sich selbst und sucht keine Ausreden! Denn das ist der Schlüssel zu Realität! Hektor Picard lag 30 Tage im Koma nach einem heftigen Stromunfall. Er verlor bei diesem Unfall beide Arme und musste anschließend wieder laufen lernen. 2016 beendete er als erster Triathlet ohne Arme den Ironman auf Hawaii unter den gewöhnlichen Wettkampfbedingungen. Er ist 3,86 km geschwommen, 180,2 Kilometer mit dem Rad gefahren und anschließend noch einen Marathon von 42 Kilometern gelaufen. Sein Rennrad hatte er so modifiziert, dass er mit den Knien bremsen und mit dem Kinn die Gänge wechseln konnte. Seine einzigartige Rückenschwimmtechnik ermöglichte es ihm über 3,86 km zu schwimmen. Was denken Sie, kannte dieser Mann die Realität über sich selbst? Mit Sicherheit! Denn, irgendwann schoss ihm der Gedanke durch den Kopf, diesen Traum zu verwirklichen. Doch er erkannte alle Probleme, die ihm bevor stehen würden. Anstatt woanders nach Gründen zu suchen, wieso er es nicht schaffen konnte, akzeptierte er die Realität über sich selbst. Dies ist der signifikante Unterschied zwischen dem Mann, der auf der Couch liegt und dem, der über die Ziellinie läuft. Natürlich braucht nicht jeder von uns eine Herausforderung wie den Ironman, um glücklich zu sein. Fragen Sie sich einfach mal selbst, ob es Dinge geben könnte, bei denen Sie sich vielleicht hier und da schon mal angelogen haben oder Ausreden gesucht haben, um neue Dinge nicht auszuprobieren? Ich versichere Ihnen, dass sich jeder schon mal in so einer Situation befunden hat. Auch wenn es uns schwer fällt dies zuzugeben, ist dies ein ganz natürlicher Prozess und auch Vipassanā kann einen nicht davor schützen sich selbst anzulügen. Sie können hiermit jedoch herausfinden wie Ihre innere Uhr wirklich tickt. Denn damit können sie wirklich etwas anfangen und an sich arbeiten. Doch dazu später mehr!

Bedingungslose Liebe

Den Geist zu zähmen war die Aufgabe. Doch wie soll das funktionieren? Das, was den Tag zuvor noch so einfach aussah, nämlich einfach mal seinen Kopf abzuschalten, war auf einmal wieder zur Meisterprüfung geworden. Größtenteils versuchte ich meine Gedanken zu sammeln und wieder Gleichmütigkeit zu entwickeln. Vergeblich! Selbst am Vormittag gelingt es mir nicht. Ich praktizierte zwar Vipassana doch mein Geist war nicht ganz bei der Sache. Es gab zu viele Dinge, die sich in meinem Kopf abspielten und je mehr ich nachdachte, umso größer wurde mein Verlangen. Ergebnislos versuchte ich es immer wieder und wieder! Darüber hinaus wusste ich gar nicht so genau, wonach ich suchen sollte. Vipassanā ist eine Achtsamkeitsmeditation. Es geht also darum, seine Wahrnehmung zu verbessern und durch das Beobachten des Inneren zur Erkenntnis zu gelangen. Es funktioniert nur, wenn man kein Verlangen und keine Abneigung empfindet. Allerdings war mein Verlangen so groß, dass ich begann zu verzweifeln. Hoffnungslos schaute ich mich im Saal um. Ich versuchte herauszufinden, wie es wohl den anderen geht. Es beruhigte mich allerdings etwas, dass manche von ihnen genauso verzweifelt umherschauten wie ich. Begleitet von Frustration verließ ich am Mittag demütig die Meditationshalle. Mir schien es als würde jeder gerade ein wenig den Kopf hängen lassen. Täglich über 10 Stunden zu meditieren mag vielleicht einfach klingen, doch es zehrt extrem an den Kräften. Erstaunlich, obwohl wir keinen Sport gemacht haben und auch so keinem Stress ausgesetzt waren, fühlte man sich zunehmend kraftlos. Bemerkenswert war auch, dass obwohl mir niemand gesagt hatte, dass ich etwas schlecht machen würde, ich zunehmend Frustration verspürte. Einzig allein mein „Ego" sorgte für diesen Zustand. In der „Dining Hall" angekommen, begab ich mich wie jeden Tag an meinen Platz, nahm meinen Teller und ging anschließend zum Buffet. Dieser Vorgang lief schon so routiniert, dass ich nicht mal mehr auf meine Umgebung achtete. Voll und ganz in Gedanken versunken, schaute ich aufs Essen und wurde vom einen auf den anderen Moment völlig sprachlos! Vor mir lagen circa 300 Stücke Wassermelone, die alle in Form eines Herzens ausgeschnitzt waren. An der Tafel stand in kleiner Schrift geschrieben: „Geben Sie nicht auf, alles kommt und alles vergeht". „Wow, was für eine Message!" dachte ich mir. Das und genau das ist der Inbegriff von bedingungsloser Liebe. Sie müssen sich vorstellen, dass da in der Küche Menschen arbeiten, die sich ehrenamtlich für uns engagieren und wahrscheinlich den ganzen Morgen in der Küche standen, nur um uns eine kleine Freude zu machen und uns ein bisschen Mut mit auf den Weg zugeben. Woher nehmen diese Menschen so eine enorme Energie? Schauen Sie sich doch mal um! In unserer Gesellschaft „gönnt sich keiner die Butter auf dem Brot". Diese Menschen haben uns weder jemals gesehen oder mit uns gesprochen noch kennen sie unsere Geschichten. Trotzdem sind sie bereit, ihre kostbare Lebenszeit zu opfern, um uns einen Mehrwert zu verschaffen. Nichts aber auch gar nichts erhalten sie dafür im Gegenzug! Sie können uns ja nicht mal sehen! Dadurch, dass wir keine Gesten zeigen dürfen, merken sie wahrscheinlich noch nicht mal wie sehr ich davon berührt war. Wenn eine simple Geste, die von Herzen kommt, zur richtigen Zeit vollzogen wird, kann sie einem völlig den Atem rauben. Als hätte jemand gewusst, wie es mir genau in diesem Moment ging und mir zur Seite stehen wollte.

Wie können so kleine Taten so viel bewirken?

Ohne darüber nachzudenken, fühlte ich mich nicht mehr alleine mit meinen Problemen. Diese kleine Tat gab mir in diesem Moment so eine enorme Kraft, dass ich mir mein Lächeln nicht verkneifen konnte. Dann allerdings überkam mich ein Gefühl der Scham: „Wie wäre es, wenn ich selbst mal öfter mehr bedingungslose Liebe in die Welt hinaustrage?". Traurig darüber, dass ich diese Menschen anfangs noch für absolut bescheuert erklärt hatte, wurde mir nun bewusst, wie großartig sie doch waren. Sie haben das Prinzip von Liebe verstanden! Geben ohne zu erwarten etwas zurückzubekommen. Einfach geben, weil es von Herzen kommt. Wie konnte ich diese Menschen nur auslachen? Plötzlich traf mich ein Schlag, denn mir wurde bewusst, dass die meisten Menschen, eigentlich nur sich selber lieben. Ich weiß, dass sich dies im ersten Moment suspekt anhört, doch lassen Sie sich mal für einen kurzen Moment auf diesen Gedankengang ein. Was würde es genau bedeuten, wenn jeder nur sich selbst lieben würde? Es würde bedeuten, dass Menschen nur dann gegenseitige Liebe empfinden würden, wenn sie davon selbst profitieren. Suspekt vielleicht im ersten Moment, doch schaut man sich ein paar Beispiele aus dem Alltag an, ist dies gar nicht mehr so abwegig. Hier ist ein typisches Beispiel zwischen Eltern und Kindern.

Mutter: „Schatz, ich habe dir die letzten Tage schon 100-mal gesagt, du sollst dein Zimmer aufräumen! Mach es bitte jetzt!"

Kind: „Och Mama, ich kann gerade nicht, ich mache das später sofort."

Mutter: „Nein nichts später, darauf falle ich nicht mehr rein! Wenn du es jetzt nicht machst, kannst du dein Handy für den heutigen Tag vergessen."

Kind: „Oh man, ok ich werde es machen."

Wahrscheinlich kennt jeder von Ihnen diese Situation oder einem ist etwas Ähnliches schon mal widerfahren. Meinen Sie dieses Kind empfindet in diesem Moment Liebe gegenüber seiner Mutter? Klar, generell wird es sie über alles lieben, jedoch in diesem Moment empfindet es nur große Abneigung. Betrachten wir nun die Sichtweise der Mutter. Was meinen Sie geht in ihr vor als sie das unaufgeräumte Zimmer vorfindet? Empfindet sie in diesem Moment Liebe oder Abneigung? Wir sind uns alle einig, dass sie ihr Kind natürlich im Kern liebt, aber in diesem Moment könnte sie ihm den Hals umdrehen. Was glauben Sie, wieso ist das so? Ein weiteres typisches Beispiel ist eine normale Beziehung. Sie lieben Ihren Partner und sind sehr glücklich in Ihrer Beziehung. Sie und Ihr Partner ergänzen sich und haben viele Gemeinsamkeiten, auf die Sie zurückschauen können. Irgendwann passiert es, dass Ihr Partner einen neuen Weg einschlagen möchte, welcher vielleicht im Widerspruch zu Ihrem Weg steht oder Ihr Partner verändert sich ganz natürlich in eine Richtung, die Ihnen jedoch nicht gefällt. Vielleicht entscheidet sich Ihr Partner auch für eine Trennung, da er sich keine weitere Zukunft mit Ihnen vorstellen kann. Aufgrund der Tatsache, dass er sich von Ihnen trennt, entwickeln Sie eine starke Trauer, Enttäuschung und anschließend Verurteilung dafür, dass er einen anderen Weg eingeschlagen hat. Manche Menschen fangen dann sogar gleich wieder mit der Verleugnung an, indem sie sich einreden, dass sie für ihren Ex-Partner nichts mehr empfinden. Natürlich findet unser Verstand auch genug Gründe dafür, wieso wir diesen Menschen nicht in unserem Leben brauchen. Darüber hinaus entsteht sogar bei manchen ein kleiner Hass. Sie denken vielleicht: „Wie konnte mich dieses Arschloch nur verlassen? Ich wusste doch schon immer, dass er eh nur hinter dem Geld her war". Was denken Sie, wie diese Situation aussehen würde, wenn bedingungslose Liebe im Spiel wäre?

Dazu schauen wir uns im Folgenden mal genauer an, was Bedingungslose Liebe heißt:

Bedingungslose Liebe *ist weder mit Vorgaben verbunden, noch mit Bedingungen oder Erwartungen. Sie richtet sich auch nicht danach ob man zurück geliebt wird. Man liebt einfach so, weil man es kann und weil man es darf. Sie ist komplett frei und ohne Bedingung. Darüber hinaus akzeptiert man den Partner als komplettes Gesamtpaket, so wie er nun mal ist. Ohne Bedingungen gibt es auch keine Erwartungen. Sie zeigt sich vor allem wenn der andere mal ein Fehler gemacht hat, durch Fürsorge und Akzeptanz. Man liebt nicht nur die schö-*

nen Seiten, sondern man liebt den Menschen wie er ist, auch mit seinen Fehlern. Bedingungslose Liebe hat kein Problem mit Enttäuschungen, denn sie erwartet nicht.

Was sagen Sie nun? Basieren die meisten westlichen Beziehungen, die heutzutage geführt werden, auf dieser bedingungslosen Liebe? Es gilt, den Menschen nach einer Trennung so zu akzeptieren, wie er ist und ihn auch dafür zu lieben. Jetzt mal ehrlich, wie suspekt ist das bitte, wenn sich zwei Menschen trennen und sich selbst einreden wollen, dass sie ihn nicht lieben. Allein die Tatsache, dass wenn sie sich trennen und sagen: „Ja gut wir haben ja sowieso nicht zusammengepasst", zeigt, dass sie nichts davon verstanden haben, was Liebe eigentlich ist. Sie sollten einen Menschen nicht nur lieben, wenn er Sie emotional glücklich macht, auch nicht, wenn er Ihnen ein Gefühl gibt, was Sie brauchen. Liebe sollte rein sein! Ohne eine Erwartung Ihrem Partner gegenüber. Wenn Sie ihn allerdings nur lieben, wenn dieser Sie glücklich macht oder Ihre Ideale erfüllt, dann ist dies nicht bedingungslos. Dort kann dann nur Liebe entstehen, wenn Sie ein bestimmtes Gefühl erhalten. Deutlich wird es nun am folgenden Beispiel. Nach meiner Reise habe ich mich mit vielen Menschen über genau diese Dinge unterhalten. Menschen aus unterschiedlichen Kulturen und jeder hatte einen ganz anderen Hintergrund. Doch eine Unterhaltung blieb mir im Kopf. Ich traf in einem kleinen Hostel in Kuching auf Borneo einen jungen Mann, der behauptete, er würde bedingungslos lieben. Er erzählte mir, dass er wirklich alles für seine Freundin tut und das ohne etwas zurück zu bekommen. Jeden Abend schreibt er ihr einen Text über mehrere Seiten, in dem er seine Liebe zum Ausdruck bringt. Bei einem Problem greift er sofort zum Hörer und ist für seine Freundin da. Sie kann sich bei ihm ruhig zwei, drei Stunden ausheulen, er hört ihr zu, ohne auch nur etwas zurück zu verlangen! Ich war beeindruckt von diesem jungen Kerl, der allem Anschein nach wirklich bedingungslos liebt. Am Abend schlug ich ihm vor, eine Kleinigkeit essen zu gehen, denn ich wollte mehr über ihn und seine Geschichte erfahren. Ich wollte verstehen, wieso gerade er diese bedingungslose Liebe geben kann. Als wir im Restaurant ankamen, bemerkte ich, dass ich mein Portmonee im Spind vergessen hatte. Genervt teilte ich ihm mit, dass ich noch mal schnell zum Hostel zurückgehen muss, um es zu holen. „Nein auf keinen Fall, du bist heute mein Gast, ich bezahle das!" entgegnete er mir. „Nein, alles gut ich möchte liebend gerne selber bezahlen, ich hoffe es ist für dich okay, dass ich noch fünf Minuten brauche" erwiderte ich ihm. Er jedoch bestand darauf, dass ich sein Geschenk annehme! Vielleicht kennen Sie solche Situationen, dort kann es schnell mal ungemütlich werden. Entgegen seinen Erwartungen, entschied ich mich trotzdem es nicht anzunehmen, um dann mein Portmonee zu holen. Als ich zurückkam, bemerkte ich, dass die Stimmung gekippt war. Es schien mir so als würde irgendeine negative Energie im Raum sein. Die Harmonie, die zuvor da war, gehörte nun der Vergangenheit an. Wieso war das denn nun so? Schließlich sollte er sich doch freuen, er hat im Prinzip Geld gespart? Trotzdem war eine Enttäuschung da, dass ich dieses Angebot nicht angenommen habe. Dann machte es Klick und in meinem Kopf entwickelte sich eine Theorie, dass auch dieser Mensch nur sich selbst liebt. Er liebte das Gefühl, anderen zu helfen und sich gebraucht zu fühlen. Wenn er anderen eine Freude machen konnte oder ihnen behilflich sein konnte, gab ihm das etwas zurück. In meinem Fall habe ich dies nicht angenommen und wie erwartet reagiert er nicht zufrieden darauf. Wäre sein Angebot bedingungslos gewesen, dann hätte ihn das nicht wirklich interessiert, ob ich es annehme oder nicht. Er hatte also ein Verlangen nach genau diesen Gefühlen. Das erklärte ebenfalls wieso er auch so viel für seine Freundin tat, denn immer, wenn er die Chance dazu hatte, konnte er sich durch sein Handeln diese Gefühle beschaffen. Allerdings möchte ich hier noch mal betonen, dass wir leider nicht die Fähigkeit besitzen, jemandem genau in den Kopf zuschauen. Um mir trotzdem eine Meinung bilden zu können, überlegte ich mir ein paar gezielte Fragen, in denen sein Verhalten noch mal sehr deutlich wird. So fragte ich ihn, ob er mit seiner Partnerin generell nie streitet. Er antwortete: „Naja, ein wenig Streit gehört wohl zu einer gesunden Beziehung dazu, aber an sich streiten wir nie". Anschließend fragte ich ihn, wann genau „ein wenig Streit" aufkommt. Darauf antwortete er Folgendes: „Naja, es sind ja meistens Kleinigkeiten, wir hatten letztens eine kleine Auseinandersetzung als ich ihr bei der Job-Vermittlung helfen wollte. Sie hat Jura studiert und mein Onkel hat eine große Kanzlei. Ich versuchte also ein gutes Wort für sie einzulegen und ihr den Job zu besorgen. Als sie davon erfuhr, freute sie sich nicht mal!

Sie unterstellte mir sogar, dass ich mich da nicht einzumischen habe, obwohl wir zusammenwohnen". Erneut hakte ich nach: „Wie hast du dich in diesem Moment gefühlt als deine Freundin so reagierte?". „Ich war enttäuscht und verletzt! Ich fragte mich, wie jemand so undankbar sein konnte, schließlich habe ich ihr einen super Job besorgt. Sie freute sich nicht mal, als wäre es selbstverständlich, dass ich ihr einen Job suche. Klar verstehe ich, wieso sie sauer war, aber es rechtfertigt nicht ihre Reaktion." Was denken Sie, ist hier bedingungslose Liebe im Spiel? Oder fühlt er sich nur geliebt, wenn seine Freundin mit Freude reagiert? In dem Fall entsprach die Reaktion ganz und gar nicht seinen Erwartungen und sein Verlangen wurde nicht gestillt, also kam Zorn und Enttäuschung auf. Er fühlte sich direkt weniger geliebt und wertgeschätzt. Mir reichte dies jedoch noch nicht und ich versuchte weiter nachzufragen: „Wow okay, ich kann verstehen wieso du dich so fühlst. Habt ihr euch denn anschließend wieder versöhnt?". „Ja, natürlich! Ich meine so ein kleiner Streit kann uns nicht so einfach aus der Bahn werfen." Daraufhin fragte ich ihn, wer von beiden den ersten Schritt Richtung Versöhnung gewagt hat. Seine Antwort bestätigte meine Theorie erneut: „Ohne mich selber zu loben, aber ich bin auf sie zu gegangen. Sie kann schon mal sehr engstirnig sein, also dachte ich mir was soll's. Sie freute sich auch darüber, schließlich ist sie nicht wirklich eine Person, die gerne auf andere zugeht."
Für einen kurzen Moment dachte ich nach und antwortete ihm anschließend: „Also darf ich kurz zusammenfassen, du sagst du liebst deine Freundin

bedingungslos. Wenn sie jedoch deine Liebe nicht erwidert oder sogar negativ darauf reagiert, entwickelt sich deine Gefühlslage eher Richtung Wut und Enttäuschung. Natürlich liebst du sie tief im Herzen, aber kannst es in dem Moment nicht empfinden. Daraus würde ich jetzt einfach mal so schließen, dass deine Wahrnehmung viel damit zu tun hat, wie du im aktuellen Moment für deine Freundin fühlst. Anschließend versöhnt ihr euch wieder und dadurch entsteht in dir ein Gefühl der Anerkennung. Denn du bist hier die treibende Kraft, die für Versöhnung sorgt. Betrachtet man den Zusammenhang, könnte der Eindruck entstehen, dass du bewusst den ersten Schritt tätigst, um so wieder Wohlbefinden zu erzeugen. Bedingungslose Liebe oder Zuneigung heißt jedoch, dieselben Emotionen zu empfinden ohne eigennützig zu handeln! Verstehen sie dies nicht falsch, ich sage hier nicht, dass so ein Verhalten schlecht, schlimm oder unvorteilhaft ist. Es ist aber auch nicht das, wofür wir es halten! Ganz im Gegenteil. Ich glaube, viele Menschen würden sich so einen Umgang miteinander wünschen. Ist dies aber wirklich bedingungslose Liebe? In dem Moment, wo du Enttäuschung empfindest, hast du ja wieder eine Erwartung. Diese noch so kleine Erwartung ist nichts anderes als eine Bedingung, die gestellt wird, damit wir in uns das Gefühl von Liebe entwickeln können."

Ich habe selten so einen sprachlosen Menschen gesehen und seine Körperhaltung zeigte mir, dass er im Verteidigungs-Modus war. Rückschlüsse von Verhalten auf Liebe zu wagen, ist nicht leicht, denn so verschieden wie Partnerschaften sind, sind auch die Gefühle. Allerdings glaube ich, dass das Streben nach bedingungsloser Liebe unmenschlich ist. Es ist nicht natürlich, einen Menschen bedingungslos zu lieben. Denn wir Menschen sind nicht bedingungslos, der eine weniger, der andere mehr, aber im Kern suchen wir alle nach einem Sinn für unsere Existenz und somit nach einer Bedingung. Ein ehrenamtlicher Helfer hilft, da er all das, was diese Tätigkeit ihm zurückgibt, liebt. Man macht seinen Liebsten Geschenke, weil man sich mitfreut und nicht umsonst heißt es, dass anderen etwas zu schenken oft schöner ist als sich selbst etwas zu kaufen. Die Evolution ist noch nicht so weit fortgeschritten, dass dieser Urinstinkt völlig verblasst ist. Betrachtet man dies von dem Standpunkt aus, würde das durchaus heißen, dass jeder Mensch nur bei erfüllten Bedingungen Liebe empfindet und somit bedingungslose Liebe utopisch ist. Ich glaube fest daran, dass Mönche oder Nonnen diese bedingungslose Liebe empfinden, denn es heißt nicht seinen besten Freund zu lieben, sondern seinen größten Feind. Man kann niemals behaupten, man sei im Club der bedingungslosen Liebhaber, wenn man Hass gegenüber Mitmenschen empfindet. Verständlicherweise fällt es vielen schwer, diesen Gedanken zu akzeptieren. Öfters bin ich mit dieser Theorie Menschen schon auf die Füße getreten, denn sie behaupten, man würde mit so einer Aussage mit Vergewaltigern und Mördern sympathisieren. Dies ist nicht der Fall, denn man verachtet sie menschlich und bleibt aber trotzdem gleichmütig. Es ist ähnlich wie die Schmerzen, die man in seinem Körper empfindet! Man hat gelernt diese Gleichmütigkeit zu entwickeln. Es ist aber ein universelles Gesetz, dass sich nicht nur auf den Körper anwenden lässt. Falls du so liebst dann liebst du auch, wenn es nicht mit deinen Werten übereinstimmt. Sorry, aber jetzt kommt der „Realtalk des Tages". Keiner hat in der Natur festgelegt, dass Straftaten nicht erlaubt sind. Tiere jagen sich jeden Tag in der Natur, Mütter fressen ihre Kinder. Es ist unser Konstrukt, das wir über all die Jahre entwickelt haben. Bedingungslose Liebe zu empfinden, heißt also auch keine Bedingung bezüglich ihres Verhaltens an Menschen zu stellen. Verteidigen möchte ich niemanden, der gegen ethische Dinge verstößt. Lediglich möchte ich Ihnen damit nur erklären, dass zum Beispiel ein Mönch, der bedingungslose Liebe gefunden hat, niemals einen Mörder aufgrund seiner Straftaten aus einem Kloster verbannt. Im Gegenteil, er empfindet so viel Liebe, dass er freiwillig seine Zeit und seine Willenskraft dafür einsetzt, um diesem kranken Menschen zu helfen und ihm diesen Weg zur Liebe zugänglich zu machen. Das ist bedingungslose Liebe. Liebe und Hass sind immer vergänglich! Sie können selbst für Ihr Kind Hass empfinden und auch für den größten Straftäter Liebe. Nicht umsonst passiert es in manchen Gefängnissen, dass sich Wärterinnen in Insassen verlieben oder Ärzte in Straftäter. Dabei liegt es nicht daran, dass diese Menschen ihre gesamte Ethik über Bord geworfen haben. Es liegt viel mehr daran, dass Liebe und Hass wandelbar und vergänglich sind. Denn ein grundlegendes Gesetz der Natur ist, dass alles vergänglich ist. Sie können Ihr Kind noch so sehr lieben, handelt es gegen Ihren Willen, würde sich auch beim besten Elternteil für einen kurzen Moment ein Rückgang der Liebe einschleichen. Liebe ist niemals konstant.

Liebe kann ein gegenwärtiger Zustand sein, jedoch nie eine Gesamtheit. Denn jeder liebt sich irgendwie noch am meisten selber. Sie müssen diesen Gedankengang für sich selbst nicht annehmen, allerdings hinterfragen Sie doch mal Ihre zwischenmenschlichen Beziehungen unter der Definition von bedingungsloser Liebe. Schauen Sie nicht nur auf negative Dinge, sondern analysieren Sie auch die tiefen Gründe für Ihre positiven Taten. Lassen Sie sich nicht täuschen. Der Schein trügt, denn oftmals glauben wir, dass etwas nur aus Nächstenliebe passiert, indirekt aber wird eine Bedingung gestellt. Hier noch ein kleines Beispiel für Sie. Ein Vater, der seinem kleinen Sprössling finanziell alles ermöglicht und ihn jederzeit unterstützt, tut dies gerne, auch wenn es ihm nicht immer eine Freude bereitet, seinem Kind etwas zu ermöglichen. Manchmal findet er die gewünschten Dinge ziemlich unnötig, aber er liebt sein Kind und unterstützt es! Sprechen Sie so einen Vater darauf an, werden Sie oftmals den Spruch hören: „Ach, solange die Schulnoten stimmen, unterstütze ich mein Kind gerne". Auch hier sehen wir wieder eine ganz klare Bedingung, auch wenn der Vater dies nur so im Zusammenhang sagt, steckt meistens mehr dahinter. Spätestens, wenn der Sprössling mal eine Klasse wiederholen muss, da er sich anderweitig als mit Schule beschäftigt und der Vater dann nicht gleich bereit ist, seinen Nachwuchs zu sponsern, würde deutlich werden, dass irgendwo, auch wenn nur ganz klein, eine Bedingung vorlag. Dies ist auch überhaupt nicht schlimm! Aber wieso reagieren Menschen gleich negativ, wenn man sie damit konfrontiert? So ist unser Verhalten nun mal, wenn wir von Liebe sprechen. Was nun anfangen mit dieser Information, wenn das Streben nach bedingungsloser Liebe sowieso utopisch erscheint? Ist es unmöglich, einen Menschen komplett zu lieben? Wie kann ich nun eine glückliche Beziehung führen?

Die bedingungslose Liebe komplett umzusetzen ist fast unmöglich, es sollte vielmehr als Leitpfaden dienen. Als ein Ideal an dem man sich entlang hangelt. Dadurch entsteht ein harmonisches Miteinander. Wenn man sein „Ich" öfters nicht so ernst nimmt, kann man genau so aggressiv werden, man reagiert jedoch nicht mehr blind. Man geht etwas objektiver an die Konflikte heran und reflektiert zunächst, warum man bestimmte Emotionen verspürt bevor man reagiert. Anschließend stellt sich die Frage, welchen Anteil man selbst an dem Ganzen hat. Obwohl man wütend ist, verliert man trotzdem nicht seine innere Ruhe und auch nicht die Liebe für die Person, mit der man im Konflikt steht. Trotzdem bleiben das innere Gleichgewicht und die innere Harmonie. Aus Bedingungen und Ablehnung kann kein Gleichmut entstehen. Es ist ein erster Schritt in Richtung bedingungsloser Liebe. Folgt man diesem Weg, wird es einem leichter fallen zu lieben und man bekommt ein echtes Bild davon, was Liebe eigentlich bedeutet. Mir hat diese Methode geholfen mit alten Feinden Frieden zu schließen und in heutigen Situationen damit anders umzugehen.

Unser Ego

Wie kann man nun bedingungslos lieben, wenn man es doch nie gelernt hat? Zuallererst muss man verstehen, dass wir in der Dualität leben. Es gibt immer negative und positive Sachen sowie materielle Dinge, Menschen und Tätigkeiten, die uns guttun oder uns schaden. Daraus folgt, dass wir in einem System der Bewertung leben. Unser Ego ist ständig am bewerten, ob etwas gut oder schlecht ist. Dies ist ebenfalls ein Naturgesetz. Das Problem ist hierbei nur, dass wir nicht gelernt haben, diese Tatsache zu akzeptieren. Es ist ein Urinstinkt, der dafür sorgt, dass unser Ego automatisch mit allen möglichen Dingen Verträge abschließt. Dies ist auch von großer Bedeutsamkeit, denn es versucht uns nur zu schützen. Es kommt daher, dass wir schon sehr früh zahlreiche Verträge in uns abgeschlossen haben. Zum Beispiel haben die Urmenschen früher ein wildes Tier gesehen und ihre Assoziation war: „Aha, ein wildes Tier, gefährlich, könnte mich eventuell fressen." Mit diesem „Urvertrag" laufen wir über Generationen hinweg unser ganzes Leben herum. Dadurch versucht der Mensch natürlich als erster das wilde Tier zu töten, es ist der Instinkt zum Überleben. Problematisch ist nur, dass unser Ego dieses Vertragsprinzip auf alles anwendet, denn müssten wir bewusste Entscheidungen treffen, würde es unseren gesamten Energiehaushalt nach wenigen Minuten aufbrauchen. Ich werde Ihnen nun ein Beispiel für genau diese Verträge nennen. Morgens auf dem Weg zur Arbeit sehen Sie, dass ihr Tank fast leer ist. Leider ist er so leer, dass Sie es nicht mehr zu Arbeit schaffen würden. Sie entschließen sich kurzerhand dazu, noch schnell etwas nachzufüllen. Sie sind zwar spät dran, da Sie Ihrem Partner am Morgen noch kurz helfen mussten, entscheiden sich dennoch kurz einen Stopp einzulegen. Es regnet und Ihre Motorkontrollleuchte fängt auch an zu blinken. An der Tankstelle angekommen, sehen Sie schon von weitem eine riesige Schlange vor der Säule. Der Tankprozess dauert länger als erwartet und als Sie sich nun endlich auf den Weg zur Arbeit machen, wo Sie sowieso schon viel zu spät erscheinen werden, fahren Sie direkt in einen Stau. Langsam merken Sie, wie innerlich dieser Stress hoch kommt und sie denken sich „Verdammt, ich komme zu spät". Genau das ist ein Beispiel, wo Sie merken „Ja, da hat das Ego schon diese Verträge gemacht". Das Ego hat diese Verträge aber nicht in dem Moment gemacht, sondern in dem Moment, in dem Sie auf die Tankstelle zugefahren sind und auch schon in dem Moment, wo Sie ins Auto eingestiegen sind. Sie sind auf die Tankstelle zugefahren und Ihr Ego hat den Vertrag abgeschlossen: „Okay, wenn das und jenes zu lange dauert, sind die anderen dafür verantwortlich, dass ich gestresst bin und mich unwohl fühle". Mit anderen Worten heißt es, dass Sie ihrem Ego die Macht geben, über ihre Emotionen zu verfügen. Somit gibt Ihr Ego auch immer anderen die Macht über Ihre Emotionen zu verfügen. Daraus folgt, dass wir also komplett machtlos sind, was unsere Gefühle angeht. Dies war jedoch ein sehr simples Beispiel, nun fahren wir etwas schwerere Geschütze auf und gehen noch eine Ebene tiefer. Angenommen Sie sind in einer Beziehung und Ihr Partner geht Ihnen fremd. Darauf folgt meistens, dass Ihr „normales Umfeld" direkt Verständnis dafür hat, dass es Ihnen elend geht und Sie emotional komplett fertig sind. Sie können es nachvollziehen, dass Sie einfach komplett in negativen Emotionen gefangen sind und von dort auch nicht so schnell flüchten können. Die meisten Menschen würden Ihnen sagen, dass so eine Reaktion völlig normal und okay ist. In solchen Momenten kommen Ihnen bei dem Gedanken an Ihren Partner oftmals nur Beleidigungen in den Sinn. Dies ist auch völlig normal, denn ein Großteil der Menschen reagiert genau so! Haben Sie jedoch mal darüber nachgedacht, dass genau das der Grund ist, wieso die meisten Menschen unglücklich sind? Oftmals können viele das gar nicht verstehen, wenn man anders reagiert und dann kommt die Frage auf, was das denn noch mit Liebe zu tun hat, wenn sie nicht genau so reagieren. Es ist natürlich verdammt schwierig nicht so zu reagieren, aber würde man sich bewusst werden, dass Liebe eigentlich Freiheit bedeutet, wird einem klar, dass wir eigentlich alle bedingungslose Liebhaber sind. In unserem wahren „Seins"-Zustand gibt es so etwas wie Betrügen nicht, denn Betrügen ist nichts Festes, nichts Reales. Es ist wieder etwas, was sich nur in unserem Kopf abspielt und somit keine reale Sache ist. Für Ihr Ego hingegen ist es durchaus real, denn Ihr Ego hat zu Beginn der Partnerschaft einen Vertrag abgeschlossen, dass Sie Ihren Partner nicht betrügen und Ihr Partner Sie auch nicht zu betrügen hat. Es ist ein gegenseitiger Vertrag, den Sie auf der Basis Ihres Egos abgeschlossen haben. Daraus folgt, dass wenn es jemals passieren sollte, für Sie gleich als schlimm interpretiert wird. Angenommen Sie haben einen Partner, der Ihnen niemals fremd geht, lassen Sie sich trotzdem mal auf den Gedankengang ein, dass er Sie betrügt und dabei anlügt. Auf bewusster Ebene ist natürlich klar, dass Sie diese Beziehung beenden werden. Wichtig ist allerdings die Frage, ob es Ihre Liebe zu Ihrem Partner beeinflussen würde? Wäre es immer noch dieselbe Qualität von Liebe wie Sie, sie am ersten Tag empfunden haben? Viele Menschen antworteten auf diese Frage mit „Nein", denn sie entwickeln meistens ein Gefühl des Hasses. Oftmals löschen sie die Nummer ihres Partners oder schmeißen diesen Zuhause raus. Man kann das so machen, denn es gibt hier nicht wirklich ein Richtig oder Falsch, aber Ihr Partner hat nichts davon und gerade Sie haben davon nichts außer sehr viel Negativität. Alle Emotionen egal ob Liebe, Freude oder Hass, sind und bleiben ein Teil von Ihnen. Es wird Ihre Persönlichkeit und Ihren Charakter aufbauen. Je mehr Sie auf Negativität eingehen, umso mehr bauen Sie Ihre gesamte Persönlichkeit auf Hass auf. Wenn Sie diese Kontrolle zulassen, dann sind Sie nicht frei, denn etwas externes kontrolliert Sie fortlaufend. Es wird Ihre Persönlichkeit verändern und Sie können nicht mehr die glückliche Person sein, die Sie vielleicht einmal waren. Deswegen muss einem klar werden, Lieben ist ein Geschenk an sich selbst. Wir haben zwar gelernt, dass man sich gegenseitig liebt und man geht somit ein Tauschgeschäft ein, was völlig in Ordnung ist. Aber wenn Sie jemanden lieben gibt es ja genau Ihnen ein tolles Gefühl. Dieses Gefühl, das ist Ihr Geschenk! Ob Ihr Gegenüber Sie liebt oder nicht, das macht keinen Unterschied. Wenn Sie sagen da ist ein Mensch und ich liebe diesen Menschen jetzt, einfach so weil ich es kann und weil ich es darf. Ob dieser Mensch mich jetzt auch liebt, ist doch völlig egal, denn das Lieben gibt ja genau Ihnen ein positives Gefühl. Natürlich ist dies nicht so einfach in einer physischen Beziehung umzusetzen, da man sich immer noch Gedanken drüber macht, ob der Gegenüber die versprochene Treue einhalten wird und was wäre, wenn nicht. Sobald man jedoch mit dieser Erwartung in eine Partnerschaft geht, sind direkt tausende von „Ego-Verträgen" abgeschlossen und Ihr Ego ist mehr damit beschäftigt darauf zu achten, ob diese Verträge eingehalten werden als zu lieben. Im Hintergrund werden immer mehr von diesen Verträgen abgeschlossen. Hier ist nun der entscheidende Punkt. Wenn der Partner einen niemals betrügt, man sich aber denkt: „Okay, wenn es passieren sollte, dann werde ich die Beziehung zwar beenden, aber ich werde es friedlich beenden. Mit bedingungsloser Liebe und ich würde immer noch die gleiche Qualität von Liebe senden, auch wenn ich es physisch nicht mehr weiterführen möchte." Das ist eine harte Challenge für viele, doch ist es so entscheidend für Ihre Persönlichkeit. Dann, aber auch nur dann kann einem niemand mehr etwas anhaben. Sie werden immer die Macht über sich selbst haben und niemand wird sie Ihnen wegnehmen können. Reflektieren Sie sich an dieser Stelle mal selbst und Sie werden merken, dass Ihr Ego an so vielen Stellen Verträge abgeschlossen hat, die alle ihre Macht über sich selbst weggeben. Angenommen Sie haben Verträge mit ihren Freunden und irgendwann geraten Sie in eine Meinungsverschiedenheit, dann werden Sie sich denken: „Ich mach das jetzt lange genug mit, also das kann ja beim besten Willen nicht sein". Denn Sie erwarten hier wieder etwas auf der Grundlage Ihrer „Ego-Verträge". Auch hier wurde wieder ein Vertrag mit Ihren Freunden abgeschlossen, dass wenn sie Sie schlecht behandeln, Sie sich schlecht fühlen werden. Hier haben Sie also wieder jemand anderes die Macht gegeben. Seien Sie sich im völligen Bewusstsein darüber, dass wenn so etwas passiert, Sie Ihre komplette Macht abgeben werden. Wenn Sie die Negativität überkommt und Sie Ihre Emotionen nicht mehr beherrschen können, dann sind Sie völlig machtlos. Seien Sie sich also bewusst, dass bedingungslos zu lieben die größte Freiheit für sich selbst ist und nichts anderes!

Die Umsetzung ist allerdings alles andere als einfach. Zuallererst werden sie sich bewusst, dass alles erst bei Ihnen und Ihrem Ego beginnt. Nichts kommt von außen, es kommt immer von Ihrer inneren Wahrnehmung. Harmonie kommt von innen, niemals von außen. Auch wenn ich Sie jetzt aus ihrer Blase holen muss, aber sind Sie nicht glücklich, zufrieden oder frei, dann hat das immer etwas mit Ihnen selbst zu tun. Denn dann sind wieder unnatürliche Verträge im Spiel. Absurd, dass viele denken es sei unmenschlich, wenn man keine negativen Gefühle verspürt, aber das ist es nicht, es ist nur das Ego. Erkennen Sie dieses Ego aus einer schöpferischen Position, nicht aus der Position eines Opfers. Es sind die Forderungen, die wir an das Leben und die Mitmenschen stellen, mit denen wir uns unglücklich machen, nicht das Leben oder die Menschen. Man ist auch nicht unterwürfig, man wird sich nur bewusst, dass egal, was der andere macht, es nicht die Liebe zu ihm verändert. Fängt man zuerst an, bedingungslose Liebe zu sich selbst zu entwickeln, kommt man mit sich ins Reine und erst dann kann man anfangen, andere bedingungslos zu lieben. Menschen, die absolut mit sich selber im Reinen sind, verspüren keine negativen Emotionen gegenüber Mitmenschen, denn sie haben gelernt, ihre Macht nicht herzugeben. Sie wurden sich ihrer „Ego-Verträge" bewusst und haben gelernt, mit diesen zu leben. In einer Beziehung scheint es vielleicht für Sie utopisch bedingungslos zu lieben, versuchen Sie sich jedoch immer wieder ins Gewissen zu rufen, dass wir meistens aus Selbstliebe und auf Basis von „Ego-Verträgen" handeln. Sie werden merken, dass Sie auf viele Situationen anders reagieren und auch Momente, mit denen Sie früher nicht umgehen konnten, werden Ihnen leicht fallen. Sie werden sich nicht mehr so schnell aus der Bahn werfen lassen und bei Meinungsverschiedenheiten werden Sie immer öfter den wahren Grund herausfinden. Versuchen Sie es auch, wenn es Ihnen anfangs schwer fällt. Eine Ausbildung beim Militär ist anfangs auch nicht gerade rosig, aber sie machen es, weil sie etwas mitnehmen wollen, was Ihr komplettes Leben beeinflusst. Nahezu alle Streitereien basieren auf „Ego-Verträgen" und Selbstliebe. Demütig fragte ich mich, wieso mir diese Offensichtlichkeit nicht schon viel früher klar geworden ist. Es schien mir als wäre ich zuvor blind durch meine Beziehungen gelaufen. Ich schämte mich, das Wort Liebe so oft schon benutzt zu haben, aber es nie wirklich verstanden zu haben. Als ich auf meiner Reise ein längeres Gespräch mit einem Ehepaar führte, die schon über 40 Jahre glücklich verheiratet waren, fragte ich sie nach ihrem Geheimnis. Sie sagten, dass sie sich jeden Tag frei lassen. Jeden Abend lassen sie sich los und entscheiden jeden Morgen aufs Neue, dass sie zusammenbleiben wollen. Sie sagten mir, dass es so auch niemals langweilig wird, da man jeden Tag aufs Neue erkennt, dass diese Liebe etwas Schönes und besonderes ist, denn man darf sie in ihrer gesamten Fülle jeden Tag aufs Neue erfahren.

„Wenn du deinen Gegner nicht besiegen kannst, dann musst du ihn umarmen."

aus China

7. Menschliche Instinkte

Leicht müde, doch voller Energie stolzierte ich in der Früh wieder zur Meditationshalle. Langsam gewöhnte man sich an den Tagesablauf und freute sich sogar schon auf den Tag. Obwohl es immer noch anstrengend war, packte einen der Ehrgeiz! Ich hatte mittlerweile so viel über mich und die Gesetze der Natur gelernt, dass ich langsam mein westliches Denken immer mehr in Frage stellte und mich weiter darauf einließ. Die Technik war immer noch dieselbe und der sechste Tag war dafür da, sie zu perfektionieren. Am Vortag wurde uns noch im Diskurs gesagt, dass es völlig normal ist, dass man in den ersten „Vipassanā-Tagen" nicht wirklich einen Fortschritt verspürt. So setzte ich mich wieder Stunde für Stunde auf mein Meditationskissen und versuchte mit einem „klaren Geist" einen Fluss durch meinen Körper zu leiten, denn damit können alle Unreinheiten, die in einem schlummern, beseitigt werden. In jedem Menschen, ganz tief unter der Oberfläche, sind zahlreiche Unreinheiten wie in einem schlafenden Vulkan. Wenn man diese nicht lösen kann, werden sie sich so lange sammeln, bis es irgendwann zu einer Explosion kommt. Sie werden sich sehr lange anstauen bis sie irgendwann zu einem Problem werden. Diese Wurzel gilt es rauszureißen, damit wir frei sind! So zumindest die Theorie. Dies kann jedoch nur geschehen, wenn wir das Zusammenspiel aus Körper und Geist richtig beherrschen. Am sechsten Tag sollte mir genau das bewusst werden, doch dazu später mehr. Zunächst möchte ich Ihnen ein kurzes Beispiel geben, worum es sich überhaupt handelt, wenn wir vom Zusammenspiel von Körper und Geist sprechen. Angenommen Sie sitzen auf einer Parkbank und unterhalten sich gerade mit einem guten Freund über das Fußballspiel von letzter Nacht als sich plötzlich ein stechender Schmerz in Ihrer linken Schulter breit macht. Eine Mücke hat Sie gestochen. Sie hingegen merken davon bewusst relativ wenig, denn Sie sind schließlich gerade mit dem Diskutieren beschäftigt. Im Gegensatz dazu handelt Ihr unbewusster Geist anders. Sie fangen an sich zu bewegen oder fassen sich mit Ihrem anderen Arm kurz an die betroffene Stelle. Hier reagiert Ihr unbewusster Geist im Inneren, ohne dass sie es bewusst wahrnehmen. Unterbewusst wird also die Entscheidung getroffen auf diese Empfindung in einer gewissen Weise zu reagieren. Vielleicht denken Sie sich jetzt, dass dies ja auch ganz normal ist und es ein natürlicher Reflex ist. Doch durchleuchtet man den Vorgang etwas genauer, stellt man fest, dass es nichts mit der „Natur" gemeinsam hat. Folglich lässt sich schließen, dass wenn Sie etwas Unangenehmes verspüren, dass Sie mit Widerwille und Abneigung reagieren. Hier kann man natürlich wieder auf unseren „Urinstinkt" zurückschließen, der nur versucht, uns das Überleben zu sichern. Tragisch ist allerdings, dass dieser Instinkt uns zwar das Überleben sichert, es aber nicht lebenswerter macht. Auf die gleiche Weise reagiert der Mensch mit Verlangen, wenn er etwas mag. Doch was passiert hier mit dem bewussten Geist? Er merkt meistens nichts davon. Wenn es Sie an einer bestimmten Stelle juckt, dann wird unbewusst Ihr „Kratz-Prozess" gestartet, denn Sie reagieren mit Abneigung. Doch was würde passieren, wenn Sie so programmiert wären, dass Sie dann einfach gar nichts tun würden? Wenn es Sie dann juckt, würde es Sie nicht interessieren, Sie fühlen zwar ein unangenehmes Gefühl, assoziieren damit allerdings keine Abneigung. Darüber hinaus besagt die Vipassanā-Technik, dass alles, was auch immer Sie erfahren oder sich im Leben zusammengefügt hat, Ihre „Sankaras" sind. Sankaras sind also Unreinheiten und die Technik hilft Ihnen genau diese zu beseitigen. Konzentriert begab ich mich auf die Reise nach meinem Inneren mit dem erneuten Versuch, Gleichmütigkeit zu erzeugen. Meine Erwartungen stellte ich langsam zurück, denn ich merkte, dass sie nur kontraproduktiv sind, denn sie hinderten mich nur am weiteren Versuch, die Technik zu erlernen. Mit geschlossenen Augen und intellektuellem Gleichmut lenkte ich meine Aufmerksamkeit gezielt durch meinen Körper. Ich startete oben am Kopf, ging dann von meinen Augenbrauen runter bis zu meinem Kinn. Meine Aufmerksamkeit beobachtete jeden Teil meines Körpers und wenn ich unten angekommen war, startete ich erneut. Diesen Vorgang wiederholte ich immer wieder und wieder! Allerdings dachte ich mir diesmal, egal was passiert oder welcher Gedanke in meinen Kopf kommt, ich werde gleichmütig reagieren. Sobald etwas in meinem Verstand durchgedrungen war, akzeptierte ich es und beruhigte anschließend meinen Geist wieder. Ich hatte weder ein Verlangen noch Erwartungen oder Abneigung. Oft passierte es, dass ich für eine kurze Sekunde aus dem Rhythmus gebracht wurde. Gestört hat mich dies allerdings nicht, denn ich reagierte gleichmütig und startete immer wieder von vorne. An meinem Körper verspürte ich allerlei Empfindungen. An manchen Stellen, wie zum Beispiel der Nase waren sie klein und intensiver, an anderen hingegen grob und schwer zu verorten. Einige Stellen konnte ich sogar gar nicht spüren, aber auch da blieb ich hartnäckig. Es konnte schließlich nicht sein, denn alles, was zu meinem Körper gehört, muss ja irgendeine Empfindung auslösen. Ich machte mich dem bewusst, indem ich diese Stellen kurz berührte, denn dadurch merkte ich, dass ich sehr wohl dort etwas empfinden konnte. Als ich immer weiter in der Technik versank, merkte ich, wie sich alle groben Empfindungen auflösten. So wie alles entsteht und vergeht, vergingen auch sie. Schlagartig merkte ich wie feinere Schwingungen in meinem Körper entstanden. So etwas hatte ich zuvor noch nie wahrgenommen, es war so als wenn mir gerade eine neue Welt in meinem Inneren gezeigt wurde. Befremdlich fühlte es sich nicht an, denn das, was ich in meinem Körper beobachten konnte, war nichts Übernatürliches, sondern meine ungefilterten Empfindungen. Vipassanā ist eine Aufmerksamkeitsmeditation und ich merkte, wie meine Aufmerksamkeit zuvor immer anderweitig beschäftigt war. In mir entwickelte sich für einen kurzen Moment Freude über diesen Fortschritt. Allerdings entwickelte ich direkt im Anschluss Gleichmütigkeit, als wäre es ein Reflex, der sofort ausgelöst würde. Ich merkte, dass es sich jetzt nicht mehr um ein intellektuelles Spiel handelte, denn ich konnte selber spüren, wie die Schwingungen durch meinen Körper flossen und wieder vergingen. Ich hatte nun begonnen, meine eigene Weisheit auf der Basis meiner Erfahrungsebene zu beobachten. Wenn man es objektiv betrachtet, dann war in diesem Moment Leiden für mich nicht mehr wie Leiden. Meine gesamten Schmerzempfindungen wurden desintegriert. Diesen Vorgang wiederholte ich immer wieder und ich versank mehr und mehr in diesem Augenblick. Als ich wieder meine Augen öffnen durfte und die Meditationshalle verließ, fühlte ich mich irgendwie gereinigt. Plötzlich wurde ich sehr emotional und sentimental. Aber es war anders als sonst, ich war dabei trotzdem gleichmütig. Das, was mich so emotional machte, war, dass ich noch nie zuvor so eine ehrliche und wahrhaftige Harmonie in mir gespürt hatte. Meine Kindheit war stets gut und auch sonst ist mir nie wirklich etwas Schlimmes widerfahren, was meine Harmonie hätte stören können. Allerdings hatte diese Harmonie nichts mit äußerlichen Umständen zu tun, sie kam von innen. Sie kam von mir selbst. Es war nichts Transzendentes, was sich außerhalb der Sinne abgespielt hatte. Aber es war etwas, was sich die ganze Zeit unbewusst in meinem Körper ereignet hat, ohne es jemals zu bemerken. Ob das wohl der Moment ist, in dem man seinem Elend entflieht? Schließlich wurde man nicht hypnotisiert, sondern man hat es auf der Erfahrungsebene erlebt. Ich habe meinen Geist nicht mit einem bestimmten Glauben konditioniert, sondern erfuhr die Realität. Mein westliches Denken widersprach zwar S.N Goenka´s Worten, dass es damit zu tun hat, dass alle Sankaras, die angesammelt wurden, Schicht für Schicht an die Oberfläche gelangen würden. Verwundert war ich trotzdem, denn ich spürte, dass es etwas in mir auslöste. Verrückt, dass unser bewusster Geist sich nicht darüber im Klaren ist, was da in der Tiefe für Empfindungen schlummern. Ziemlich gepackt hat es mich, denn auch als ich in der Pause so durch die Gegend schlenderte, ging mir das alles nicht mehr aus dem Kopf. Ich dachte darüber nach, was mir in der Vergangenheit alles Leid und Elend beschaffen hatte. Wie ich mit gewissen Dingen „Ego-Verträge" abgeschlossen hatte und somit nie gleichmütig reagieren konnte. Über alle tieferen Emotionen, die ich wahrscheinlich nie wahrgenommen hatte, da mein Verstand sie herausgefiltert hat. Natürlich habe ich es geschafft, mit aktuellen Situationen und Begebenheiten gleichmütig umzugehen. Aber trotzdem habe ich es zuvor nicht geschafft mit Sachen aus meiner Vergangenheit so umzugehen. Mit einem Mal war da jedoch diese innere Harmonie und ich verspürte keine Abneigung mehr gegenüber Menschen, mit deren Verhaltensweisen ich in der Vergangenheit angeeckt bin. Überraschenderweise empfand ich nun Gleichmütigkeit gegenüber all meinen „Feinden", die keine Feinde mehr waren. Diese innere Harmonie kam daher, dass ich weder Verlangen nach positiven Dingen noch Ablehnung gegenüber negativen Dingen empfand. So lange Komplexe und Neurosen da sind, sind Sie nicht befreit. Wenn wir etwas Angenehmes erfahren, erzeugen wir auf der tiefsten Ebene Knoten von Begierde. Erfahren wir etwas Unangenehmes, häufen sich die Knoten von Aversion an. Diese Knoten werden sich immer weiter und weiter multiplizieren. Man muss die tiefste Ebene erreichen, um sich zu befreien. Oftmals wissen wir gar nicht, dass wir die ganze Zeit mit Verlangen sowie Aversion reagieren. Wo Empfindungen sind, sind oft auch Verlangen oder Abneigung. Irgendwann erfährt man wie die tiefgründigeren Dinge seines Geistes an die Oberfläche kommen und wenn man nun gleichmütig reagiert, dann werden immer mehr an die Oberfläche strömen. Die alten Konditionierungen von Begierde und Aversion werden immer schwächer, verlieren an Kraft und werden langsam vergehen. Man beobachtet, aber man reagiert nicht. Wieso auch? Alles entsteht und vergeht, Milliarden von subatomaren Teilchen entstehen jeden Moment und vergehen auch wieder im nächsten Moment. Allerdings habe ich eins aus den zahlreichen Diskursen mitgenommen. Wenn Sie die Samen des Hasses und des Zornes in Ihrem Geist sähen, dann werden die Früchte, die Sie ernten, ebenfalls Hass und Zorn sein. Innere Harmonie hat nichts mit der Außenwelt zu tun, es kommt nur von einem selbst. Sie können dies gerne anders sehen, doch dann werden Sie es nie schaffen, dauerhaft Frieden in sich selbst zu finden, da Sie die Außenwelt nicht kontrollieren können. Sich selbst können Sie jedoch kontrollieren! Mir hat dies geholfen, mit alten Feinden Frieden zu schließen und dies wünsche ich Ihnen auch, denn es wird Sie sonst zerstören. Diese Gleichmütigkeit kam nun nicht mehr von meinem Intellekt. Sie kam nicht, weil ich es so wollte oder mir dachte, ich müsste jetzt damit ins Reine kommen. Sie kam von meiner Seele, die es leid war, nicht in Harmonie zu leben!

Die Gegner

Im Nachhinein klingt es so leicht, als wäre es keine große Hürde gewesen zu sich selber zu finden. Doch im Moment, war es alles andere als leicht! Im Folgenden möchte ich auf vier Gegner eingehen, die es gilt auf diesem Wege zu besiegen. Hier handelt es sich tatsächlich nur um vier Widerstände, die mir beim Meditieren aufgefallen sind. Scheuen Sie sich jedoch nicht es auch als Inspiration für mehr als das zu sehen, denn schließlich ist Vipassana die Lehre der Natur und die Natur hat unser Leben geschaffen.

Gegner 1 & 2 - Verlangen und Abneigung

Verlangen und Abneigung sind unsere ersten Gegner auf dem Weg zum inneren Frieden. Sie stehen in direktem Zusammenhang, da sie sich gegenseitig einschließen. Wenn man Verlangen empfindet und akzeptiert, wird dasselbe auch mit Abneigung zu statte gehen. Es ist eine Symbiose aus beiden Gefühlen. Aus Unwissenheit glaubt man oft, dass man keins dieser Gefühle erzeugt, doch der Schein trügt meistens. Erinnern Sie sich zurück, wie es mir selbst ergangen ist mit der „Realität". Ich schaffte es zwar für einen kurzen Augenblick, dass sich Verlangen und Abneigung hinten anstellen, doch als ich von einem neuen Reiz überwältigt wurde, entwickelte ich direkt wieder Verlangen. Dieses Verlangen stand in direkter Verbindung mit der Ablehnung vorheriger Gefühle. Leicht ist es nicht, denn oft versuchen diese zwei uns zu überwältigen. Oft denken wir, es ist erforderlich nach etwas Verlangen zu haben. Wir denken z.B. es ist positiv Verlangen nach seiner Partnerschaft zu haben. Auf den ersten Blick ist daran auch nichts verwerflich, doch es beinhaltet ebenfalls, dass man gegen irgendetwas Abneigung entwickelt. Dies führt dann wieder zu Metaprogrammen, die in ihrem Unterbewusstsein automatisiert ausgeführt werden. Jede Medaille hat zwei Seiten. Während des Kurses ist man aufgefordert, neun Tage zu schweigen. Dies liegt daran, dass sobald die Teilnehmer anfangen würden zu sprechen, sie sich austauschen würden. Sie würden direkt zu ihren Bekannten oder Nachbarn gehen und sie fragen, welche Erfahrungen sie gemacht haben. Diese würden Ihnen dann die wildesten Sachen erzählen. Der eine erzählt Ihnen, dass er gerade ein ganz starkes Kribbeln gefühlt hat, das durch seinen Körper floss. Ein anderer wird Ihnen vielleicht sagen, dass er Schwingungen gefühlt hat und diese verstärkt in der Brust. Angenommen man hat aber selber noch keine Erfahrungen gemacht, dann wird es passieren, dass man beim nächsten Meditieren, ein Verlangen entwickelt. Sie werden sich schlecht fühlen (Abneigung), da Sie sich fragen, wieso alle anderen etwas fühlen nur sie nicht. Auf der anderen Seite werden Sie dasitzen und sich die ganze Zeit denken: „Bitte, bitte lass mich auch ein Kribbeln fühlen". Dann beobachten Sie nicht mehr. So kann man nicht gleichmütig sein. Jedes Verlangen hat im schlepptau Leiden. Ein anderes Beispiel für diesen Gegner ist die Aufgabe seine Augen die gesamte Meditation geschlossen zu halten. Ein bis zwei Stunden kriegen sie es vielleicht hin, doch irgendwann könnte Langeweile und Neugier aufkommen. Sie empfinden wieder diese schrecklichen Schmerzen und fragen sich, ob die anderen dies auch so empfinden. Als Sie die Augen dann endlich öffnen, sitzen alle anderen in diesem Moment da wie Buddha Statuen. Verwundert schauen Sie sich um. Schlagartig kommt der Gedanke in Ihnen, dass sie wohl der Einzige sind, der gerade diese Schmerzen empfindet und Aversion hat Sie überwältigt. Das Paradoxe an dieser Geschichte ist allerdings, dass dieser Gegner, der sie versucht zu überwältigen von Innen kommt, also lassen Sie sich nicht überwältigen. Sie kamen ursprünglich als Gäste ins Haus und wollen nun das Haus nicht mehr verlassen. Kein Wunder, dass sie reagieren, wenn man versucht sie abzuschalten. Sie geben einen Impuls von innen, denn sie wollen nicht gehen. Oftmals reagieren wir dann darauf in dem wir aufhören die Dinge zu tun, die wir eigentlich tun wollen. Anschließend ärgern wir uns aber darüber, dass dieser Gegner Besitz ergriffen hat und uns von unserer eigentlichen Aufgabe abgehalten hat. Die ersten Tage erging es mir so. Ziemlich oft kam dieser Gegner und ich gab auf, in dem ich kurz raus ging um Luft zu schnappen. Allerdings ist es wichtig hier nicht aufzugeben und diesen Gegner immer weiter zu bewältigen. Wir haben die Kontrolle über unser Inneres.

Gegner 3 - Unruhe

Ein weiterer Gegner auf dem Weg ist die geistige Unruhe. Gerade beim Meditieren passiert es, dass Ihr Kopf sich mit einer gewissen Unruhe füllt. Denn Sie wollen dies machen, Sie wollen jenes machen aber vor allem wollen Sie nicht Meditieren. Dies ist allerdings etwas Universales, das uns auch oft im Alltag widerfährt. Oft versuchen wir uns einer Aufgabe zu widmen, die wir als wichtig interpretieren aber eine innere Stimme sagt uns trotzdem, wir sollen etwas anderes tun. Übergewichtige scheitern oft bei dem Versuch abzunehmen, da wenn sie es versuchen diese geistige Unruhe auftritt, die einem sagt „Mach alles aber kein Sport". Innerlich wollen sie Sport machen, doch dann passiert es und sie geben nach. Ein weiterer Gegner hat sie wieder besiegt. Als sie gerade verzweifelt in Ihr Pizzastück beißen, ärgern Sie sich, denn Sie merken dann, dass Sie erneut den Kampf gegen diesen Gegner verloren haben. „Warum habe ich dies nur gemacht? Ich wollte doch eigentlich abnehmen", fragen Sie sich. Beim Meditieren passierte mir ziemlich genau dasselbe. Oft kommen in einem innere Gedankenspiele hoch mit denen man sich anfängt auseinander zusetzten. Wenn man dann allerdings am Ende des Tages zurückschaut, ärgert man sich, denn es hat den Anschein als hätte man den gesamten Tag verschwendet. Natürlich hätte ich diese Gedankengänge vielleicht vermeiden können und somit mich mehr der Meditation widmen können. Doch was bringt es sich darüber den Kopf zu zerbrechen, denn dann würde man ja wieder anfangen über Dinge nachzudenken die nicht „real" sind. Wenn Sie einen Fehler gemacht haben, akzeptieren Sie ihn. Schwören Sie sich selber in Zukunft besser acht zu geben und diesen Fehler nicht zu wiederholen. Denken Sie auch hier daran, wenn sie den Samen des Jammerns pflanzen dann wird auch die Frucht nichts als Jammern sein. Wenn sie den Samen von Jammern sähen werden sie nicht die Frucht des Lächelns ernten.

Gegner 4 - Zweifel

Es gibt verschiedene Formen von Zweifel und Skepsis. Einerseits können Sie beim Meditieren Bedenken bezüglich der Technik haben, anderseits können Sie auch an sich selbst zweifeln. Ich selber hatte jegliche Form von Zweifel während den einzelnen Meditationen durchlebt, z.B.: „Was für einen Sinn soll es haben, die Atmung zu beobachten? Was soll das alles hier, das stimmt so was von gar nicht mit meinen Glaubenssätzen überein." oder „Ich bin nicht gut genug. Alle anderen sitzen so still da und schaffen es. Es kann nur an mir liegen. Vielleicht ist es besser, wenn ich es abbreche". Zweifel, Zweifel, nichts als Zweifel. Mit all diesem Zweifel kann man aber keinen Fortschritt machen oder haben Sie schon mal einen erfolgreichen Menschen gesehen, der gezweifelt hat? Anfangs vielleicht ja, doch sie haben es sich selber erlaubt daran zu glauben. Klären Sie ihren Zweifel und erlauben Sie diesem Gegner nicht Sie zu überwältigen. Es geht bei diesen Gegnern nicht darum, sie zu eliminieren und dafür zu sorgen dass sie nie wieder kommen. Nein, es geht vielmehr darum, mit ihnen zu leben, denn das ist der Weg raus aus dem Elend. Es geht nicht darum die Toten wieder zum Leben zu erwecken, sondern mit Leid umzugehen, denn sonst wird man ewig im Elend gefangen sein. Man wird sein ganzes Leben den ein oder anderen geliebten Menschen verlieren. Sein ganzes Leben lang wird man Leid erfahren. Ich habe Bekannte die brüsten sich damit, wenn sie mal einem hungernden Obdachlosen Geld spenden. Definitiv ist dies auch eine gute Tat. Doch man sollte bedenken, dass dies rein gar nichts ändert. Genau dieser Obdachlose wird am nächsten Tag wieder hungern und er ist nicht aus seinem Elend befreit. Akzeptieren Sie die Natur und versuchen Sie sich aus Ihrem eigenen Elend zu befreien.

„Der Tod ist das Tor zum Licht am Ende eines mühsam gewordenen Lebens.“

Franz von Assisi

8. Der Tod

Haben Sie sich schon mal Gedanken darüber gemacht, wann Sie sterben werden? Falls ja, wie geht es Ihnen damit? Kommt Angst hoch? Oder Panik? Obwohl jeder weiß, dass wir sterben werden, erfüllt allein der Gedanke unsere Körper meistens mit Furcht. Natürlich ist ein Grund dafür die Unwissenheit der wir gegenüber stehen, aber ist da vielleicht noch etwas? Ich persönlich hatte immer Angst davor unglücklich zu sterben, denn ich habe mich mit so viel Leid durch mein Leben geschlagen. Leid ist relativ und jeder nimmt es anders wahr. Fakt ist aber, dass es uns alle umgibt. Bei dem einen entsteht es, wenn er zu wenig Geld verdient, bei wem anderes, wenn er sich nicht selbstverwirklichen kann. Allerdings steht Leid immer in direkter Relation zur eigenen Persönlichkeit und ist somit nicht universell messbar. Allgemein kann man also sagen, dass ich durchaus große Angst davor hatte zu sterben. Diese Angst konnte mir aber am siebten Tag genommen werden.

Schlafen, Essen, Meditieren! Das war der Tagesablauf. Und auch nach dem siebten Tag war nicht wirklich eine Abwechslung erkennbar. Die Meditationen wurden immer leichter zu ertragen und der Körper brauchte immer weniger Nahrung. Nach einer Schüssel Reis und zwei Stücken Wassermelone war mein Magen schon gesättigt, schließlich saß man die meiste Zeit des Tages nur auf seinem Meditationskissen. Dadurch, dass die Meditationen immer noch sehr am Körper zehrten, entpuppte sich die Latexmatratze zur Wohlfühloase. In den

Meditationen konzentrierte ich mich wieder auf die Technik. Erstaunlicherweise fiel es mir mittlerweile immer leichter bei der morgendlichen Meditation konzentriert zu bleiben. Ich tauchte immer mehr in meine innere Welt ab. Meine Aufmerksamkeit floss mittlerweile völlig durch meinen Körper. Teilweise fühlte es sich sogar an wie ein Strom, den man durch seinen Körper leitet. Meine körperlichen Empfindungen wurden immer stärker und intensiver. Es geschah, dass man anfing sich immer weniger mit seinem Körper zu assoziieren. Es fühlte sich an, als würde man als außenstehender Beobachter seinen Körper begutachten. Man reagierte auf nichts mehr, sondern nahm die Umgebung sowie sein Inneres ungefiltert wahr. Tiefliegende Empfindungen wurden deutlich und klar! Nichts war mehr verschwommen oder schlecht wahrnehmbar und man fühlte sich eins mit der Natur. Gefühle waren nicht nur intellektuell wahrnehmbar, man konnte sie durch seinen ganzen Körper spüren. Wenn man an einen geliebten Menschen gedacht hat und das Gefühl der Liebe aufkam, bebte der ganze Körper innerlich und man spürte ein Kribbeln in jeder Ader. Hier verstand ich das erste Mal die wahre Macht unserer Gefühlswelt, denn sie hat so einen großen Einfluss auf unser körperliches Empfinden. Oft merken wir dies nicht mal, da wir viel zu beschäftigt sind danach zu horchen, was sich auf der Oberfläche abspielt. Wenn man Liebe in sich empfand, konnte man fast spüren, wie alle Glückshormone freigesetzt wurden und durch den Körper sprießten. Der Puls fing an zu steigen und eine Wärme breitete sich aus. Es ist ein unglaubliches Gefühl und mit Abstand das Stärkste! Darüber hinaus konnte man ebenfalls beobachten welchen Einfluss andere Gefühle wie Hass, Frust und Trauer auf uns hatten. Allein die Kraft meiner Gedanken schaffte es meinen Körper in gewisse Zustände zu versetzen. Ein kleiner Funke reichte schon um in meinem Körper Prozeduren auszulösen. Das Erstaunliche war für mich an der ganzen Sache, dass wir selber die Kontrolle darüber haben. Wenn man bewusst Signale schickt, dann reagiert der Körper dementsprechend. Wenn man Schmerz empfindet aber dann den Gedanken an Liebe sendet, fängt der Schmerz an zu heilen und zu verblassen. Neugierig saß ich da und beobachtete zahlreiche Gefühle in mir selbst. Es war zwar nicht Teil unserer Aufgabe, doch ich war völlig mitgerissen von dem innerlichen Spiel. Ich erstellte gedankliche Ranglisten welche Gefühle wann und in welcher Stärke auftraten. Ich bewertete sie nach ihrer Intensität und versuchte ihren Kern herauszufinden. Mich schockierte es ehrlich gesagt, dass allein unsere Gedanken so viel in unserem Körper auslösen können. Trauer blockte zum Beispiel meine Energie, da sie verhindert, dass ich genauer auf den Körper zugreifen kann. Wobei Hass und Wut dafür sorgen, dass der Körper sich entlädt. Ich spaßte damit und dachte mir, dass wird wohl die Lösung sein, wenn ich das nächste Mal in der Uni am Einschlafen bin, einfach an etwas denken, dass mir Wut bereitet und „Zack", ich bin hellwach. So falsch wie es im ersten Moment klingen mag, ist dies allerdings etwas sehr Effektives. Emotionen sind nun mal genauso vergänglich und sind nicht endgültig. Sie entstehen und vergehen. Nichts hält ewig und es ist der Prozess der

Natur, dass dies auch fortlaufend geschieht. Am abendlichen Diskurs allerdings passierte es, dass sich eine Aussage so in mein Gehirn einbrannte, sodass es mich nie wieder loslassen würde. Es ging um die Frage, ob man Angst vor dem Tod habe. S.N Goenka wurde genau diese Frage mal vor einer längeren Zeit gestellt. Als er diese Frage hörte, fing er an zu lachen und wunderte sich, wieso er davor Angst haben sollte. Er sagte: „Es ist ein natürlicher Prozess. Alles entsteht und vergeht, davon bin ich nicht befreit. Irgendwann, wenn ich sterbe, werde ich da sitzen, meinen Geist beruhigen und genau wie bei Vipassanā werde ich einfach dasitzen und den Moment wahrnehmen, so wie er ist, in seiner ganzen Fülle. Ich werde den Moment beobachten und gleichmütig sein. Dann werde ich so wie ich gekommen bin, ohne Verlangen und ohne Abneigung, wieder gehen. Wieso sollte ich davor Angst haben?"

Ich war zutiefst beeindruckt, denn von der einen auf die andere Sekunde hatte ich gar keine Angst mehr davor zu sterben. In seinen Worten hörte sich das alles so friedlich an. Es schien mir gar so als würde ich mich schon drauf freuen, denn wenn meine jetzige Gefühlslage schon so faszinierend ist, wie würde es dann wohl sein, wenn ich sterbe? Durch die Trennung von Schmerzgefühlen, schafft man es sachlich und objektiv zu beobachten. Vielleicht schafft man es auch so, sachlich und objektiv zu sterben? Vielleicht schafft man es so sogar, ohne Leid zu sterben. Ich war komplett sprachlos. „Als ob es so einfach ist?" dachte ich mir. Tatsächlich aber ist es genau so einfach. Irgendwann da sterben wir alle, ohne Ausnahme. Zuvor habe ich gelernt und auch am eigenen Leib erfahren, dass wenn man gleichmütig mit Dingen umgeht, dass sich dann im inneren Harmonie entwickelt. Daraus folgt, dass wenn ich sterben würde und ich dabei diese Gleichmütigkeit entwickeln würde, ich zu 100% in Harmonie sterben würde. Damit war meine ganze Angst davor unglücklich zu sterben genommen. Zuvor habe ich immer den äußeren Umständen die Schuld gegeben, indem ich gesagt habe, ich kann nur sterben, wenn ich das und jenes erreicht habe. Jetzt allerdings habe ich für mich einen Weg gefunden, dass egal wie mein Leben mal verlaufen würde, ich in Ruhe sterben kann. Durch die Erzeugung von innerer Harmonie. Wenn man versucht täglich sein Leben mit dieser Gleichmütigkeit zu bewältigen, verschwindet auch die Angst vor einem plötzlichen Tod. Mich hat dieser abendliche Diskurs sehr mitgenommen und mich weit über den Kurs hinaus zum nachdenken gebracht. Die Angst vor dem Tod kann allerdings auch aus mehr als nur aus einem Grund bestehen. Vielleicht hat man Angst vor dem Tod, da man Angst vor den Schmerzen hat, die der Tod beinhaltet. Hier konnte mir die Technik meine Angst nehmen. Des Weiteren haben manche Menschen Angst, da sie vielleicht danach ein noch schlimmerer Zustand erwarten könnte oder sie haben Angst vor der Endgültigkeit des Todes. Vielleicht ist es aber auch die Verlustangst nahestehende Menschen zu verlieren. Es gibt so viele Gründe dafür Angst vor dieser Ungewissheit zu haben. Doch was bringt es Ihnen? Letztendlich weiß keiner von Ihnen wie es sich wirklich anfühlt zu sterben, denn sonst würden Sie gerade nicht dieses Buch lesen. Keiner von Ihnen weiß was danach passiert, aber sicher ist es, dass jeder von Ihnen es irgendwann herausfinden wird. Letzten Endes haben wir, wenn wir sagen wir haben Angst vor dem Tod, nur Angst vor unseren eigenen erfundenen Gedanken über den Tod. Vor dem Tod an sich kann niemand Angst haben, denn keiner hat ihn bis jetzt überlebt. Fortlaufend haben sich nur alle Informationen, die Sie in ihrem kompletten Leben gesammelt haben, zur einer Meinung gestaut. Diese Meinung hat Ihre persönlichen Glaubenssätze entwickelt und daraus folgt die Angst vor dem Tod. Wir haben also nur Angst vor unseren eigenen Gedanken und Vorstellungen. Was wir jedoch gerne mal vergessen ist, dass unsere Gedanken uns gehören und niemand anderem. Jeder erschafft sie sich selber! Natürlich kriegen Sie auch viel Input von außen aber in den meisten Fällen können Sie genau kontrollieren, was sie konsumieren und was nicht. Die meisten Menschen werden im Alltag konfrontiert mit extrem viel negativen Nachrichten. Dies kann natürlich auch nicht anders funktionieren, denn negative Nachrichten verkaufen sich um ein vielfaches besser als positive Nachrichten. Niemand will hören, dass der glückliche Marienkäfer irgendwo wieder über die Wiese gehüpft ist. Wenn es allerdings einen Flugzeugabsturz in Kroatien gab, wo fünfzig Leute bei umkamen, ist das natürlich die Schlagzeile. Es ist doch klar, dass wenn sie jeden Morgen die Zeitung aufschlagen und fünf extrem negative Geschichten lesen, dass das dann einen negativen Einfluss auf Sie hat. Ich für meinen Teil habe da keine Lust drauf, dass diese Negativität ein Teil meines Lebens wird. Vor allem auch weil es ein Teil ist, der

Sie kontrolliert. Natürlich ist es schlimm, wenn irgendwo auf der Welt Menschen umkommen und man kann natürlich auch darüber diskutieren, ob es die Sache verschlimmert, dass Sie die selbe Nationalität haben. Aber wenn man das jetzt mal knallhart sieht, dann hat dieser Unfall keinen direkten Einfluss auf ihr Leben! Wenn sie sich also den ganzen Tag oder auch nur einen Moment davon negativ beeinflusst fühlen, hat diese Negativität keinen Sinn, denn sie hat nichts mit Ihnen zu tun. Viele behaupteten zwar Nachrichten nur objektiv zu schauen, sind dann aber die ersten die im Austausch mit Gleichgesinnten ganz stolz ihre Meinung verkünden. Das zweite, wobei man sich hier bewusst werden sollte ist, dass sich das ganze außerhalb seines Einflussbereiches abspielt. Das einzige, wo Sie vielleicht noch einen gewissen Einfluss drauf haben sind politische Angelegenheiten. Auf alles andere allerdings, was man sonst konsumiert, hat man so gut wie gar keinen Einfluss. Sie können es nicht beeinflussen und Sie werden es auch nie beeinflussen können. Warum investieren Sie diese kostbare Lebenszeit nicht in Ihr Glück oder Ihre Familie, anstatt sie an Negativität zu verschwenden? Suchen Sie sich gezielt Nachrichten und Portale, die sie weiter bringen. Dort können Sie sich Inspiration und Informationen holen, ohne vielleicht direkt Einfluss zu haben. Wenn Sie an Politik interessiert sind, dann wird es Ihnen mehr bringen Bücher zu lesen, als im TV zu erfahren dass sich Angela Merkel mit dem Außenminister von Simbabwe getroffen hat. Probieren Sie eine sogenannte „Informationsdiät" einfach mal selber aus und ich verspreche Ihnen, Sie werden merken, wie sich Ihre Glaubenssätze verändern, denn Sie haben die Kontrolle darüber, was Sie konsumieren. Bezogen auf die Angst vorm sterben, versuchen sie es so zu filtern, wie es zu ihrem eigenen Wohlbefinden passt. Ich sage nicht, Sie sollen die Realität leugnen, doch in dem Fall gibt es keine Realität. Die einzige Wahrheit ist, dass Sie irgendwann mal sterben werden. Eine wissenschaftliche Beweislage dafür, dass es überhaupt etwas nach dem Tod gibt existiert nicht mal. Also basiert alles was wir darüber denken, fühlen und wissen nur auf Glauben. Woran Sie allerdings glauben, dass können Sie selber entscheiden. Manche finden Halt in Religionen, andere in der wissenschaftlichen Denkweise. Vielleicht hilft Ihnen Meditation, so wie mir. Doch schaffen Sie sich ihre eigene Wahrheit darüber. Hier geht es vor allem nicht darum, Recht zu behalten, es geht nur darum ihr Leben so angenehm wie nur möglich zu gestalten. Das heißt auch nicht, dass Sie sich die Welt so machen sollen wie Sie Ihnen gefällt. Es bedeutet viel mehr, dass Sie sich mehr damit beschäftigen sollten was Ihnen wirklich gefällt, denn wenn Sie den Samen von Leid pflanzen, wird ihre Frucht auch Leid sein.

Die geistige Vorstellung von Leiden

Die Angst davor zu leiden, sorgt dafür, dass wir unser Leben in die Zukunft schieben. Der Tod kann auch als Geschenk gesehen werden, was einen wieder daran erinnert, zu leben. Keiner weiß, was der Tod ist, wir haben nur Angst vor unseren Gedanken. Vorstellungen von denen wir Angst haben, die unseren Tod betreffen. Ich persönlich war ein Mensch, der immer sehr große Schwierigkeiten mit diesem Thema hatte. Es fiel mir stets schwer zu akzeptieren, dass alles so schnell und leicht vorbei sein kann. Darüber hinaus erschütterte mich der Anblick von Leichen. Bis heute kann ich mir nicht erklären, wieso mir ein kalter Schauer den Rücken runter läuft, wenn ich nur schon daran denken muss. Es löst in mir eine so starke innere Ablehnung aus, dass es auf mich schon fast wie ein Instinkt wirkt, der so sein muss. Beim Anblick überkommen mich Übelkeitsgefühle und ich fühle mich nicht mehr Herr der Lage. Gewiss geht jeder anders damit um und genau so einen Menschen sollte ich auf meiner späteren Weiterreise kennenlernen. Als ich anschließend noch etwas durch Borneo reiste, machte ich einen kleinen Zwischenstopp im Mulu Nationalpark. Dieser Ort ist sehr abgeschottet von der Zivilisation und es ist vermutlich einer der letzten Plätze, wo es nicht mal mehr einen Handyempfang gibt. Allein diese Tatsache hatte zufolge das man sich im Hostel mit den anderen Menschen austauschen musste, denn eine andere Unterhaltungsform gab es nicht. Hier lernte ich ein

Mädchen namens Ozean kennen. Ozean war eine gewöhnliche Medizinstudentin aus der Schweiz. Die Semesterferien nutzte sie um mal raus zu kommen und zu reisen. Ich für meinen Teil bewunderte immer Menschen wie sie, denn im Studium lernte die Studentin die Praxis oft an Leichen. Ich stellte mir vor wie eine Leiche seziert würde und allein der Gedanke verstimmte mich. Allmählich dachte ich darüber nach, wieso dies so sei. Schließlich sagt ja niemand bei der Geburt: „Okay, das Kind wird Arzt und der da drüben gefällt mir nicht. Der wird nie Blut sehen können." Es ist wohl die innere Einstellung, die den Unterschied macht. Also sprach ich sie ganz direkt darauf an, um herauszufinden, was genau den Unterschied macht:

Ich: „Wie ist das für dich, wenn du im Studium mit Leichen arbeitest? Für mich wäre das überhaupt nichts."

Ozean: „Naja, es ist normal für mich."

Ich: „Okay wow, aber fühlst du dich nicht komisch dabei? Oder ganz allgemein, wie läuft das denn überhaupt ab?

Ozean: „Also zuerst werden wir in Gruppen aufgeteilt anfangs des Semesters. Dann wird jeder Gruppe ein Körper zugewiesen und anschließend fangen wir in den Lehrräumen an, sie zu sezieren. Dabei trennt man einzelne Gliedmaßen vom Körper und untersucht sie dann, auf der Basis von dem Wissen, was man sich vorher angeeignet hat."

Ich unterbrach sie: „Wie genau trennt ihr denn die Gliedmaßen?"

Ozean: „Wie man sie halt trennt mit einer Säge oder einem Hammer."

Ich: „Wow, ich bin leicht schockiert. Also ich hätte

damit schon meine Probleme einer Leiche mal eben so den Fuß abzuschneiden. Empfindest du keine Angst oder Ekel? Also für dich ist das echt komplett normal?", fragte ich lachend.

Ozean: „Es ist ja kein Mensch mehr, wieso sollte ich hier Angst haben? Es ist einfach ein leerer Körper. Jegliche Form von Leben verließ diesen Körper und zurück blieb ein Gemisch aus Calcium, Phosphor und noch ein paar anderen Stoffen. Der Mensch ist fortgegangen, er hat uns nur seine Hülle zurückgelassen. Weißt du, ich glaube wir leihen uns unseren Körper nur für eine gewisse Zeit von der Natur. Wir können uns nicht aussuchen in was für einen Körper wir hineingeboren werden und deshalb gehört er auch nicht zu uns. Es ist quasi wie ein Haus in das wir kurz einziehen. Wieso sollte man sich vor diesem Haus ekeln oder Angst davor haben?"

Ich: „Macht es dich denn nicht traurig diese Hülle zu sehen und hinterfragt man dann nicht den Sinn hinter   allem?"

Ozean: „Es macht mich nicht traurig, da ich kein Leben mehr darin sehen kann. Das was da vor einem liegt, das ist für mich kein Mensch mehr, das sind nur ein paar zusammen gewürfelte Stoffe. Die Seele ist schon längst auf der Suche nach einem neuen Körper."

Ich: „Ich glaube ich fang langsam an zu verstehen worauf du hinaus willst."

Ozean: „Schau mal! Alles in der Natur hat doch einen Sinn, oder? Das gesamte Ökosystem greift Hand in Hand damit alles funktioniert. Selbst hier im Dschungel sind Armeisen genauso wichtig wie Vögel. Beide tragen zu einem komplexen Ökosystem bei. Wenn Pflanzen sterben, werden sie Dünger für neue Pflanzen oder sie werden von Insekten verspeist. Wieso sollte der Tod also sinnlos sein? Wieso sollte gerade der Tod von uns Menschen nichts zum großen Zusammenspiel beitragen? Ich glaube, dass es so sein muss, da es ohne nicht funktionieren würde und unsere zurückgebliebenen Körper sind nur ein Abfallprodukt des ganzen Prozesses."

Ich: „Wow! Von diesem Standpunkt aus habe ich es noch nie betrachtet. Die Tatsache, dass alles von uns übrig bleibt nichts als nur die Zusammensetzung aus ein paar Stoffen ist, fasziniert mich. Ich fühle mich irgendwie unbedeutend, so als wenn man einem Roboter sagt, dass er eigentlich nur aus Blech besteht."

Ozean lachte: „Tja, so ist das nun mal mit uns Menschen." Diese Abstraktion der Dinge bewunderte ich zutiefst. „Es ist einfach nur Kohle, Schwefel, Natrium und noch paar mehr Stoffe aber jegliche Menschlichkeit hat diesen Körper verlassen.", ergänzte sie. Ich begriff für mich, dass unser Körper ein Geschenk ist, in das wir so hineingesetzt wurden. Anschließend bedankte ich mich für unser Gespräch und verabschiedete mich, da es mittlerweile schon mitten in der Nacht war. Als ich mich gerade umdrehte, um zu gehen, rief sie mir hinterher: „Denk immer dran, eines Tages wirst du sterben. An allen anderen nicht!" Nennen sie mich verrückt aber was ist, wenn der Sinn des Lebens nur darin besteht das wir uns fortlaufend weiterentwickeln? Angefangen bei den ersten Primaten haben wir uns immer weiterentwickelt. Haben Städte gebaut, die immer größer geworden sind. Wir haben Mittel und Wege gefunden, das Altern immer mehr hinauszuzögern. Was ist, wenn genau diese Weiterentwicklung unser Sinn ist. Vielleicht werden wir auch irgendwann einen neuen Seins- Zustand erreichen, vielleicht werden wir irgendwann keine Beine mehr brauchen, da sie revolutionär überflüssig werden. So entsteht ein menschliches Wesen ohne Beine. Als nächstes kann es passieren, dass auch unsere Arme überflüssig werden. Irgendwann wird es sogar soweit sein, dass unser gesamter Körper überflüssig wird und wir auch diesen nicht mehr zum Leben brauchen. Was könnte dann der nächste Seins-Zustand sein? Vielleicht etwas Transzendentes? Vielleicht werden wir dann zu einer höheren Energie? Vielleicht bestehen wir irgendwann nur noch aus einer Energie, die im Raum existiert. Vielleicht wird das Individuum auch überflüssig, da wir als Masse handeln und alle kleinen Energien vereinigen sich zu einer großen. So entsteht etwas weit außerhalb unserer Vorstellungskraft. Was wäre, wenn diese Energie so mächtig und so gewaltig ist, dass ihre Existenz wieder ein neues Universum erschafft, in dem genau dieser Prozess wieder von vorne beginnt. Betrachtet man das Leben von diesem Stadtpunkt aus, wird einem klar wie unbedeutend doch sein eigenes Leben sein kann. Wir sind nur ein winzig kleines Atom im ganzen Prozess, das etwas noch viel Größeres als uns am Leben hält. Wir hingegen nehmen uns aber als einzelne so wichtig, dass wir den Blick aufs Ganze gerne mal vergessen. Wenn es doch so was wie das Universum geben sollte, dann ist es etwas so mächtiges, für dessen Wahrnehmung wir nicht bestimmt sind.

„Der Geist ist alles.

Was du denkst, das bist du. "

Buddha

9. Die Tränen der Natur

Noch 2 Tage in absolutem Schweigen. Langsam hatte ich mich zwar schon daran gewöhnt, nichts von mir zu geben, allerdings fiel es mir trotzdem noch sehr schwer es durchzuziehen. Die meiste Zeit, wenn man nicht gerade am Meditieren war, befand man sich im inneren Dialog mit sich selbst. Dieser Dialog konnte teilweise so intensiv werden, dass es mir tatsächlich zweimal passierte, dass ich etwas reflexartig laut aussprach. Mit wem ich allerdings die ganze Zeit redete, war mir unklar. Es ist verrückt, dass wir Menschen so gesellschaftsabhängig sind, dass, wenn wir mal auf Kommunikationsentzug sind, wir anfangen, einfach mit uns selbst zu kommunizieren. Dabei fängt man an, sich eigene Konversationen zu erdenken, die man dann systematisch mit sich selbst bespricht. Aber gerade diesen inneren Dialog gehen wir in unserem Alltag so oft aus dem Weg. Viel zu selten setzen wir uns mal mit uns selbst an einen Tisch und schauen, was die Seele so von sich gibt. Das Verrückte an der ganzen Sache war für mich, dass man nicht mal bewusst anfängt, mit sich selbst zu reden. Dieser Prozess war unvermeidlich und geschah automatisch. Obwohl man mittlerweile schon so viele Stunden meditiert hatte, fiel es mir immer noch etwas schwer, mich aufs Neue zu motivieren. Durchhalten war angesagt, denn zuvor habe ich mir geschworen, unter keinen Umständen aufzugeben. Ich hatte diesbezüglich das Gefühl, dass, wenn ich frühzeitig abbrechen würde, mich dies in ein Loch werfen würde, aus dem ich so schnell nicht wieder aufstehen würde. Es war hart und irgendwo extrem für Körper und Geist, jeden Tag dieses Programm durchzustehen! Körperlich waren da die Schmerzen, die einen über den Tag begleiteten. Auch wenn es hier und da gelingt, diese auszublenden, kommen sie trotzdem früher oder später zurück und darüber hinaus schleicht sich immer wieder diese verdammte Müdigkeit ein. Doch Müdigkeit wovon? Es fehlte einem der körperliche Ausgleich, denn Sport zu treiben war strengstens untersagt. Man sollte sich nun mal völlig auf sich konzentrieren und zur Ruhe kommen. Des Weiteren war es die Willenskraft, die auf die Probe gestellt wurde. Natürlich lernte man jeden Tag aufs Neue sehr viel und man schätzte die Erfahrungen, die man machte, aber es zehrt trotzdem an den Kräften. Mein Kopf gab mir das Gefühl, dass er langsam genug hatte und er zweifelte daran, dass er es schaffen würde, noch mehr zu lernen. So fühlte ich mich wie ein volles Glas, das man krampfhaft weiter versucht zu füllen. Nichtsdestotrotz zwang ich mich selbst jedes Mal wieder aufs Neue. „Selbst wenn ich heute nichts lerne, immerhin trainiere ich meine Willenskraft," dachte ich mir. An diesem Tag war das Wetter im Gegensatz zu den Tagen davor etwas stürmischer und die Sonne kam nur selten zum Vorschein. Allerdings verbrachten wir sowieso mehr als 10 Stunden am Tag mit geschlossenen Augen. Wie auch in den Tagen zuvor liefen die morgendlichen Mediationen wieder ernüchternd. Selbst am 8. Tag gelang es mir nicht, mich morgens mal für 2 Stunden zu konzentrieren. Ich hatte keine Ahnung, woran es lag, ob es die allgemeine Müdigkeit war oder der leere Magen, der knurrte. Fakt ist allerdings, dass ich anscheinend kein Morgenmensch bin. Nach dem Mittagessen nutzte ich die einstündige Pause wie jeden Tag für einen Spaziergang. Obwohl man gefühlt schon jeden Winkel des Geländes erforscht hat, war ich immer noch beeindruckt von der Natur. Lag es daran, dass man mittlerweile so ein geschultes Auge hatte? Das Gelände war voll mit Geckos, Wahrane und mit vielen anderen Tieren. Auf den ersten Blick entdeckt man sie schwer, doch konzentriert man sich einige Minuten, findet man sie im Dickicht. Traurig, wie schnell man im Alltag den Blick für Details verliert. Bei meinem Rundgang fiel mir auf, dass auch die anderen Teilnehmer in der Natur versunken waren. So ziemlich jeder stand vor etwas und beobachtete es mehrere Minuten lang. Verrückt, denn ich erinnerte mich noch, wie einige von ihnen ihr Handy gar nicht abgeben wollten. Ein Teilnehmer arbeitete sogar bis zur letzten Sekunde an seinem Laptop und nun sind alle eins mit der Natur. Als würden sie eine neue Welt entdecken. Menschen, die uns von außen beobachtet hätten, würden wahrscheinlich denken, dass wir auf irgendwelchen Drogentrips sind, dabei beobachteten wir einfach nur die Natur. Obwohl schon jeder von ihnen wahrscheinlich Tausende von Bäumen gesehen hat, observierten sie diese, als wären sie etwas völlig Neues. Ich selbst hatte zuvor nicht wirklich viel mit der Natur zu tun. Als kleiner Junge war ich zwar öfters in dieser Welt unterwegs, doch im Alter wurde es immer weniger. Zwar ging ich öfters im Wald joggen, doch schaute ich da nicht wirklich hin. Wer schaut denn bei dieser Medienüberflutung überhaupt noch hin? Ist es nicht traurig, dass wir erst nach einigen Tagen der Isolation die Schönheit der Welt zu schätzen wissen? Täglich befinden wir uns in ihr, doch nehmen sie nur teilweise wahr. Plötzlich hörte ich von Weitem ein Donnern, das mich aus meinen Gedankengängen riss. Ein kräftiger Regenschauer brach aus den Wolken und ich begab mich wieder zurück in mein Zimmer. Die Zimmer kann man sich vorstellen wie aneinander gereihte Bungalows. Das hatte zufolge, dass jedes Zimmer seinen eigenen Eingang hatte und man beim Verlassen der Tür direkt in der Natur war. Dadurch, dass sich das Aschram im Regenwald befindet, war es normal, dass es hier und da mal anfängt zu regnen. Allerdings war es diesmal anders. Der Regen wurde immer stärker und strömte nur so von oben herab. Aus dem Nichts entstand ein kleiner Sturm, der immer kräftiger wurde. Palmen wehten im Wind und es blitzte ununterbrochen. Vor wenigen Minuten noch war es so ruhig und nun erhallte das ganze Tal im Licht des Unwetters. Für eine Sekunde fragte ich mich, ob diese sehr minimalistische Bauweise für solche Bedingungen geschaffen sei. Schließlich konnte man auf dem Dach keine Blitzableiter oder Sonstiges finden. „Aber warum sich Sorgen machen? Ausgeglichen soll ich ja schließlich sein", dachte ich mir. So nahm ich einen Schluck Wasser zu mir und öffnete die Tür. Mittlerweile bildeten sich schon kleine Bäche und ein spezieller Geruch kam mir entgegen. Jeder kennt es, wenn es mehrere Tage warm war und plötzlich der Regen auf den heißen Untergrund fällt. Ein unvergesslicher Duft. Im Moment verweilen wollte ich, also nahm ich mir einen kleinen Hocker aus meinem Zimmer, stellte ihn an die Tür und setzte mich hin. Hypnotisiert schaute ich einfach raus und beobachtete. Es fing immer mehr an zu regnen und selbst wenn ich jetzt hätte sprechen dürfen, hätte ich kein Wort verstanden. Da saß ich also nun mitten im Dschungel, komplett abgeschirmt von der Außenwelt und schaute dem Regen zu, wie er einfach auf die Erde niederfällt. Minuten vergingen und aus dem Nichts merkte ich, wie sich in mir etwas veränderte. Etwas kam an die Oberfläche, was dort schon länger schlummerte. Es wollte raus! Kurzzeitlich war ich überrascht und versuchte, mich zu beherrschen, doch dann ließ ich der Natur ihren Lauf. Vielleicht war es das Gefühl von Einsamkeit, was in diesem Moment hochkam, aber ich habe diesen Moment gefühlt! Ich war eins mit dem Moment und mit mir selbst. Es ist etwas, das sich schwer beschreiben lässt. Im Nachhinein habe ich oft versucht, meine Gefühle und meine Gedanken in diesem Moment in Worte zu fassen, aber es ging nicht. Als würde mein Wesen in diesem Moment loslassen von etwas, was es lange Zeit versucht hat zu verstecken. Darüber hinaus versuchte mir irgendwas zu sagen, dass es dein Moment ist und diese Unbeschreiblichkeit dein Geschenk ist. So begann ich zu weinen! Ich weinte aber nicht aus Trauer oder Glück, sondern aus Harmonie. Bis heute war dieser Moment der Friedlichste, den ich je erlebt habe und jede Beschreibung könnte ihm leider nicht gerecht werden. Nun saß ich da mitten im Dschungel, abgeschottet von der Außenwelt und weinte wegen ein bisschen Regen. Ich dachte über nichts nach und es kam auch nichts in mir hoch. Eine einfache

Harmonie löste in mir so starke Gefühle aus, dass ich sie nicht mehr beherrschen konnte. Wie kann so etwas Simples so viel auslösen? Kurz machte ich mich über mich selbst lustig und fragte mich, wieso ich denn jetzt heulen müsse, vergrub doch dann den Gedankengang, denn er zerstörte nur den Moment, da das Heulen ohnehin keinen bestimmten Grund hatte. Ich habe weder an etwas gedacht noch habe ich versucht, was daraus mitzunehmen. Ich habe einfach den Moment wahrgenommen und der Moment hat mich eingenommen. Sich Zeit zu nehmen für die natürlichsten Dinge im Leben und diese auch mal voll auszukosten, kann schon Wunden heilen. Vielleicht war es die Dankbarkeit, diesen Moment erleben zu dürfen, die mich so berührte. Ich dachte an all die Menschen, die in meiner Heimat sitzen und wahrscheinlich gerade ihrem täglichen Wahnsinn nachgehen. Keiner von ihnen aber nimmt sich mal die Zeit, den Regen zu beobachten. Viele von ihnen sind auf der Suche nach Glück. Wissen Sie, ein Hauptgrund, wieso ich diese Reise angegangen bin, war ein kurzer Moment der Wahrheit an einem Montagmorgen. Als ich um 6 Uhr morgens in der Bahn saß und durch die Gänge schaute, ist mir aufgefallen, dass fast alle Menschen um mich herum unglücklich aussahen. Ist das nicht traurig? Ich meine: Wie kann das sein? Ein Großteil schaute auf sein Handy und der Rest starrte leblos aus dem Fenster. Jetzt kommen natürlich viele und sagen: Ja, hör mal, wie kann man montagmorgens um 6 Uhr auch gute Laune haben? Vielleicht, indem man etwas tut, was man liebt? Wenn man sich im Leben zu mehr verschrieben hat als nur zu existieren! Indem du deinen persönlichen Zweck der Existenz findest und ihm mit vollem Eifer nachgehst. Wenn dir klar wird, dass du dein eigener Herr bist und deine eigene Bestimmung wählst. Man hat die Wahl, ob man aufgibt, wenn es unfair scheint oder ob man an sich glaubt. Darüber hinaus dachte ich an die Menschen aus meinem eigenen Umfeld und fragte mich ganz ernsthaft, wie viele von ihnen wohl glücklich sind. Sie waren alle ganz normale Staatsbürger, hatten teilweise einen guten Job oder studierten. Doch so richtig glücklich war keiner von ihnen. Eher suhlten sich viele in Ausreden, da ihnen ja andere Steine in den Weg legten. Anstatt Verantwortung für ihr Schicksal zu übernehmen, gaben sie ihre Macht immer wieder ab. Da wurde mir bewusst, dass Normalsein gleichgesetzt ist mit Unglücklichsein. Lassen sie uns nun mal für einen kurzen Augenblick rumspinnen. Nehmen wir mal an, es gibt einen Gott und wenn Ihr Stündchen geschlagen hat, gehen Sie auf das weiße Licht zu. Als Sie nun die Brücke zwischen unserer Welt und der Göttlichen durchquert haben, steht dort ein Mann vor Ihnen. Natürlich ist es ein älterer Herr mit weißem langem krausem Bart. Es ist Gott. Was wäre, wenn Gott dann zu Ihnen sagt: „Mein Freund, gut siehst du aus. Ich freue mich, dich hier begrüßen zu dürfen. Erzähl mir mal, wie war es im Paradies?" Was werden Sie auf diese Frage antworten?

Jeder hat das Recht „Glücklichsein" für sich selbst zu definieren, aber jeder hat auch das Recht, „Leid" für sich zu definieren. Meiner Ansicht nach muss es mehr geben, das kann nicht der Grund sein, wieso wir hier sind. Fest bin ich der Überzeugung, dass jeder Einzelne nicht dafür geboren wird, um „normal" zu sein. Die Menschen sind so unterschiedliche Wesen und das ist das, was uns ausmacht. Doch die „Normalität" raubt uns unsere Individualität. Wenn man täglich mit Menschen zusammen ist, die sich schon von Kleinigkeiten aus der Bahn werfen lassen, wie soll man da nach Glück suchen? Diese Dankbarkeit, nicht zu den „Normalen" zu gehören und zu wissen, dass es was Gutes ist, nicht so zu sein, berührte mich. Im Folgenden werde ich Ihnen ein Diagramm zeigen, das ich selbst entworfen habe. An späterer Stelle dieses Buches werde ich es Ihnen erneut zeigen und Sie werden es nochmal aus einem anderen Blickwinkel sehen. Durch Vipassanā lernt man, mit Leid umzugehen. In jedem Leben geht es rauf und runter! Absolut niemand bleibt von Leid verschont! Nicht der Reichste und auch nicht der Heiligste! Lediglich die Art des Umgangs kann einen entscheidenden Unterschied ausmachen!

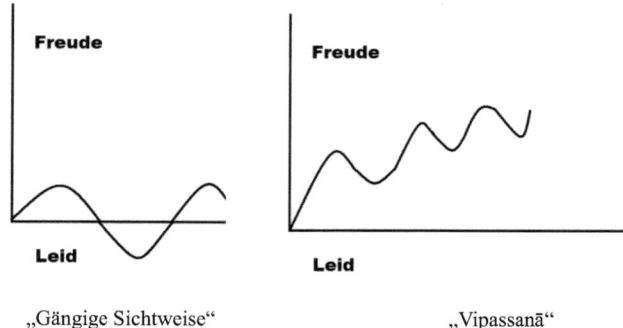

„Gängige Sichtweise"   „Vipassanā"

Als ich mich umschaute, sah ich wie die anderen Teilnehmer des Kurses ebenfalls vor ihrem Zimmer saßen, schweigend den Regen beobachteten und dabei weinten. Außenstehende und „normale" Menschen würden wahrscheinlich denken, dass wir eine Macke haben oder einfach nur zu nahe am Wasser gebaut sind. Ich kann mir vorstellen, wie verrückt das für viele klingen mag, aber so einen magischen Moment erlebt man nur sehr selten. Vielleicht kennen sie solche Momente, die sie auf eine ganz andere Weise berühren. Sie merken innerlich, dass da gerade was passiert und weil es so kontextlos ist verstehen sie es nicht. Ein Teil von Ihnen will es zwar verstehen, um nicht verrückt zu wirken, aber ein anderer gibt Ihnen die Sicherheit, dass es gut ist so wie es ist. Dort begriff ich, dass wir Menschen immer stets nach einem Sinn suchen. Wir suchen Gründe, glücklich zu sein und wir suchen Gründe es nicht zu sein, aber in dieser Situation zählte nichts davon. Kein Verlangen. Keine Begierde. Der Donner schallte im Sekundentakt durch das Tal und der Regen prasste mit voller Lautstärke aufs Dach. Nun verstand ich für einen kurzen Augenblick, was es heißt, im Moment zu sein, ohne Begierde und ohne Abneigung. Obwohl es so zerstörerisch wirkte, füllte es jeden Anwesenden mit Frieden. Vertrauen Sie mir, wenn ich sage, dass ich nicht großartig gläubig bin und auch nach Vipassanā es nicht geworden bin. Doch dieser Moment hatte was Göttliches und hat mir den Atem geraubt. Auch wenn Vipassanā einen lehrt, keine Abneigung und kein Verlangen zu erzeugen, habe ich mich oft nach diesem Moment zurückgesehnt. Vielleicht hatte dieser Augenblick auch nicht die größte Bedeutung und die Natur wollte mir einfach nur demonstrieren, dass auch die kleinen und alltäglichen Dinge, denen wir oft blind begegnen, wunderschön sein können. Aber vielleicht war es auch einfach nur der Regen.

Entscheidungen

Der Sturm legte sich auch nicht nach der Pause, also machte ich mich mit meinem Regenschirm auf zur Meditationshalle. Die Atmosphäre allerdings war eine ganz andere. Zum ersten Mal im Verlauf des Kurses fiel es mir nicht schwer, mich hinzusetzen und zu meditieren. Ich begab mich auf meinen Platz, schloss meine Augen und meditierte. Auch in den darauffolgenden Einheiten dachte ich nicht wirklich nach, sondern machte es einfach. Es fiel mir nicht mehr schwer, eine Entscheidung zu treffen. Oftmals rauben genau diese unsere gesamte Energie, denn wir geben den meisten Entscheidungen eine enorme Wichtigkeit. Einer Studie zufolge trifft ein Mensch täglich rund 20.000 Entscheidungen. An wie viele Entscheidungen können Sie sich allerdings am Ende des Tages erinnern? Nehmen wir jetzt mal an, Sie können sich an 10 erinnern, die Sie von den 20.000 behalten haben und als wichtig ansehen. Nach einer Woche haben Sie also 140.000 Entscheidungen getroffen. An wie viele können Sie sich dann erinnern? Vielleicht sind es 5, vielleicht aber auch 15. Egal an wie viele Sie sich erinnern werden, es wird nicht ansatzweise an die Anzahl der getroffenen Entscheidungen herankommen. Was meinen Sie, wie es nach einem Jahr aussieht? Nach über 7 Millionen Entscheidungen, an wie viele können Sie sich erinnern und wie viele waren für Sie wichtig? Was aber wird am Ende Ihres Lebens sein? Angenommen, Sie werden 80 Jahre alt, dann treffen Sie über 500.000.000 Entscheidungen. An wie viele werden Sie sich wohl erinnern? Wie viele werden Ihnen als wichtig erscheinen? Geben Sie Ihrem Leben und Ihren Entscheidungen nicht so eine enorme Wichtigkeit, denn Sie können sich später nicht mal an 1% davon erinnern.

Natürlich überdenkt man eine längerfristige Entscheidung bis ins kleinste Detail, doch machen Sie sich nicht verrückt, wenn es mal die falsche ist, denn wenn eine Entscheidung Sie vom Handeln abhält, schadet Sie Ihnen mehr als dass sie Ihnen nützt.

„Wo Liebe wächst, gedeiht Leben -
wo Hass aufkommt droht Untergang"
Mahatma Gandhi

10. Harmonie

4 Uhr, der Gong klingelt und der letzte Tag in edler Stille beginnt. Am letzten Tag im völligen Schweigen sollten wir noch einmal in eine Meditationstechnik eingewiesen werden. „Metta Bhavana", eine Technik, die hilft, emotionale Positivität und Wohlwollen uns sowie anderen gegenüber zu empfinden. Sie ist schnell erklärt. Man schließt die Augen, beruhigt seinen Geist und empfindet dann für alle und jeden Liebe. Hierbei ist es durchaus erlaubt, sich Bilder, Sätze oder konkrete Situationen vorzustellen, in denen wir tiefe Harmonie empfinden. Wir sorgen damit dafür, dass wir eine positive Grundhaltung annehmen. Danach dehnen wir dieses Gefühl aus, indem man versucht, es für jeden Menschen zu empfinden. Dabei geht es nicht darum, Gefühle und Abneigung zu unterdrücken, sondern alle Menschen in einem größeren Kontext zu sehen. Sie lassen also Ihre liebevolle Haltung frei ausströmen, zu allen Menschen und allen empfindenden Lebewesen, die Sie sich vorstellen können. Was komisch klingt, hat einen starken Effekt auf das Gemüt. Direkt entwickelt man ein größeres Einfühlungsvermögen und eine positivere Welteinstellung. Darüber hinaus beinhaltet „Metta Bhavana" Aspekte von wahrer Einsicht. Es hilft uns nicht, unsere eigenen Interessen über oder unter die der anderen zu stellen. Vipassanā bringt einem nicht bei, glücklich zu sein oder harmonisch. Vipassanā bringt einem bei, mit Leid umzugehen und die wenigen unter uns, die es schaffen, mit Leid umzugehen, können glücklich und harmonisch le-

ben. Wie viele Menschen laufen wohl vor ihren Problemen davon? Suchen Ablenkung in sinnlichen Vergnügen? Hauptsache, man vergisst all sein Elend, das einen plagt. Es ist aber keine Lösung des Problems, denn das Elend ist immer noch da. Dadurch, dass man ihm aus dem Weg geht, vergrößert man am Ende nur noch sein Elend. Gerade in unserer Gesellschaft ist es üblich, sich andauernd mit Medien abzulenken. Ein Blick auf das Smartphone genügt und die Sinne werden betäubt. Eine Welt aus Likes und Oberflächlichkeit scheint für viele die Alternative zur wirklichen Welt. Warum leiden wir Menschen wirklich und warum lieben wir das sinnliche Vergnügen? Betrachtet man die Oberfläche, sieht es so aus, als wenn etwas eingetroffen ist, das man nicht mag oder man sich so nicht erhofft hat. Unsere Erwartungen wurden also nicht erfüllt und somit fangen wir an zu leiden. Doch wie löst man dieses Leid nun auf? Eine Lösung wäre, dass man so viel Macht hat, dass im gesamten Leben nichts mehr Ungewolltes passiert. Selbst die mächtigsten Menschen dieses Planeten können das nicht. Täglich werden Sie sich mit ungerechten Situationen auseinandersetzen müssen. Aber was können wir dann dagegen tun? Negativität im Geiste wird erzeugt, wenn etwas Unerwünschtes passiert, denn man hat ein so starkes Verlangen nach dem Erwünschten. Negativität kommt also daher, dass wir ein starkes Verlangen nach erwünschten Ereignissen haben. Wir sehnen uns förmlich danach und können unser Erwünschtes schon vor unseren Augen sehen. Man fixiert sich auf das Erwünschte und das Ergebnis davon sind Ärger, Hass und Unwohlbefinden. Jedes Mal, wenn wir Sehnsucht nach erwünschten Dingen haben und diese nicht bekommen, erzeugen wir diese Negativität. Viele versuchen nun, diese Negativität zu verdecken. Dies mag ihnen auch oberflächlich gelingen, aber tief im Inneren sind die negativen Wurzeln noch tief verankert. Läuft man nun vor den Problemen davon und ignoriert sie, stauen sie sich unter der Oberfläche. Sinnliches Vergnügen ist deswegen schädlich, da es nicht hilft und oftmals die Situation nur noch verschlimmert. Dasselbe geschieht mit spirituellem Vergnügen. Ich möchte hier niemandem zu nahetreten, doch wenn Sie ernsthafte Probleme haben und denken, dass sich diese Probleme durch Beten zu irgendeiner Gottheit in Luft auflösen, dann muss ich Sie leider enttäuschen, denn das wird Ihr Problem nicht beseitigen. Ich bin mir ziemlich sicher, dass, wenn es einen Gott gäbe, er uns durchaus zutraut, unsere Problemchen selbst zu lösen. Natürlich kann man Halt in spirituellen sowie sinnlichen Vergnügen finden. Definitiv! Aber seien Sie sich bewusst, dass es nicht die Lösung des Problems ist und Sie damit nur allem aus dem Weg gehen wollen. Die Wurzeln der Probleme bleiben unberührt. Also stellen Sie sich dem Problem. Anstatt Ihren Geist abzulenken oder zu betäuben, beobachten Sie doch mal diese entstehende Negativität. Einfach nur beobachten, ohne darauf zu reagieren! So wie wir am ersten Tag den Atem beobachtet haben und an den anderen Tagen den Körper. Nur beobachten. Es wird ein komplett neuartiges Gefühl entstehen. Man gibt der Negativität weder freie Hand, sich auszuleben, noch hat man es unterdrückt, was einem selbst wieder schaden würde. Reagiert man auf die Emotionen, dann gibt man ihnen gleichzeitig auch die Kontrolle. Ignoriert man sie, dann frisst man nur noch mehr negative Kalorien in sich hinein. Der Mittelweg ist das Ziel. Einfach nur beobachten. Sie werden sehen, dass man Schicht um Schicht davon befreit wird. Probieren Sie es mal aus. Ich verspreche Ihnen, dass es Ihnen nicht schaden wird, ganz im Gegenteil: Im schlimmsten Fall passiert einfach nichts, da Sie nur beobachten. Nichts ist allerdings um einiges besser als eine von Emotionen kontrollierte Reaktion. Nicht abgebaute Schichten sind Zündmaterial für Dinge, die noch tiefgründiger liegen. Baut man sie nicht ab, entzünden sie sich früher oder später. Durch Beobachten und Akzeptanz baut man Schicht für Schicht ab und beseitigt Negativität auch auf tiefgründigeren Ebenen. Allerdings gestaltete sich die praktische Umsetzung schwierig, denn jeder kennt es. Wenn Ärger oder Frust auftauchen, ist man oft so sehr von seinen Emotionen geleitet, dass es einem gar nicht möglich ist, in solch einer Situation sachlich zu beobachten. In so einer Situation ist es schwer, gleichmütig zu bleiben. Wie soll man überhaupt Ärger beobachten, wenn er keine Gestalt, keine Form und keine Farbe hat? Ärger als Ärger zu beobachten ist nahezu unmöglich, da wir ihn an sich nicht beobachten können. Ist etwas nicht machbar, dann kann dies auch keine Lösung sein. Immer wenn Negativität auftritt, laufen zwei verschiedene Vorgänge auf der subtilen und der gröberen Ebene ab. Der Atem hört beispielsweise auf normal zu sein und wird härter und schneller. Negativität ist sehr eng mit der Atmung verbunden. Auf der subtileren Ebene entstehen biochemische Empfindungen wie

Hitze, Schwere und Spannung.

Etwas geschieht also auf der körperlichen Ebene. Man kann zwar nicht die Negativität selbst beobachten, doch mit ein wenig Übung kann man die durch sie ausgelösten Empfindungen im Körper beobachten, denn diese sind eine Tatsache und ein Gesetz der Natur. Immer wenn wir Emotionen erzeugen, verändert sich auch gleichzeitig unser Körper. Körper und Geist sind immer miteinander verbunden. Man kann es sehen wie die zwei Seiten einer Medaille.

Immer wenn Negativität auftaucht sieht man es am Körperlichen. Die Empfindungen rufen: „Achtung, da stimmt was nicht". Nehmen Sie diesen Rat an und beobachten Sie Ihren Körper in solchen Situationen! Dadurch wird man aus seinem Elend herauskommen. Dies geschieht nicht von heute auf morgen, da noch eine ganze Menge Negativitäten immer wieder auftauchen werden. Jedoch wird es schleichend besser. Wenn Sie vorher 6 Stunden vor Ärger gekocht haben, sind es jetzt 4 und später nur noch eine. Nach geraumer Zeit lachen Sie schon nach 10 Minuten wieder. Das geschieht, ohne dass Sie mit Absicht versuchen, sich zu verbessern. Es kommt einfach mit dem Beobachten. Sie beginnen, etwas von innen zu sehen und Sie nehmen es nicht nur oberflächlich wahr. All unsere Energie geht dahin, um die Dinge außerhalb unserer selbst zu berichtigen. Wir können das aber nicht, denn wir haben nicht immer einen Einfluss auf das, was außen geschieht. Kann man tatsächlich andere ändern? Ein Ehemann beschwert sich über seine Frau, dass sie ihn davon abhält, er selbst zu sein. Eine Ehefrau beschwert sich mit demselben Argument über ihren Mann. Trennen sich dann beide, wird ihnen oft klar, dass sie immer noch unzufrieden mit ihrer aktuellen Lebenssituation sind. Sicherlich kann einer der Gründe im Außen liegen, aber oft schaut man nicht nach innen. Jede Medaille hat immer zwei Seiten. Die meisten Menschen denken, dass ihr Seelenfrieden auf äußeren Begebenheiten beruht. Natürlich stimmt dies auch teilweise, aber versuchen Sie die Dinge auch mal aus einem ganz anderen Blickwinkel zu sehen. Sucht man in sich die Antwort, so kann man vollste Verantwortung übernehmen! Glück und Harmonie liegen in einem selbst. Erforschen Sie die Wahrheit in sich selbst, denn vom Lesen, vom Hören und von allem anderen erfährt man sie nicht. Konzentrieren Sie sich mehr darauf, die Dinge von innen zu kontrollieren. Stellen wir uns nun einfach mal ein Beispiel vor. Vergessen Sie dabei nicht, dass es sich hier nur um ein Beispiel handelt. Zwei Männer stehen vor Gericht, da der erste Mann dem zweiten Mann Unrecht getan hat. Der Prozess dauert mehrere Jahre und nach 7 Jahren wird nun ein Urteil gefällt. Der erste Mann geht nun ins Gefängnis und der zweite Mann kann jetzt nachts ruhig schlafen. 7 Jahre zuvor konnte er dies allerdings nicht. Viel zu groß waren seine Sorgen bezüglich des Prozesses und es gelang ihm einfach nicht abzuschalten. Fast wöchentlich saß er bei seinem Anwalt und diskutierte die neuesten Strategien mit ihm. Am Ende hat er zwar Recht bekommen, musste dafür aber 7 Jahre lang leiden. Obwohl die Schuldfrage eindeutig geklärt war, musste der Mann mehrere Jahre lang emotionale Schmerzen ertragen. Leider kann man die Vergangenheit nicht ändern und der Mann bekommt die Zeit, in der er sich selbst gestraft hat, nicht mehr zurück. Dies ist nur ein Beispiel und ich meine damit nicht, dass man nicht für sein Recht kämpfen soll! Wir haben nur einen falschen Eindruck darüber, wo Negativität entsteht, da wir uns auf der tiefsten Ebene des Geistes zu wenig auskennen. Ein weiteres Beispiel: Sie treffen auf jemanden, mit dem Sie ein schlechtes Verhältnis haben. Er wirft mit Beleidigungen um sich und Sie regen sich auf. Je mehr Beleidigungen fallen, desto mehr Unglück verteilt sich in Ihnen. Warum macht man überhaupt den Fehler, dass man dieses Geschenk der Beleidigung annimmt? Denn würde man seinem Geist gar nicht erst die Bewertung erlauben, dass diese Beleidigung so furchtbar ist, würde man sich auch nicht beleidigt fühlen. Es ist allein schon mein Fehler, dass ich mich aufrege und sauer werde. Hätte man gar nicht erst reagiert, würde man das Geschenk nicht annehmen. Wenn jemand meint, Sie zu beleidigen, dann ist er eine Quelle des Elends für sich selbst, aber nicht für Sie. Ihr Elend geschieht erst dann, wenn Sie sich auf diese Beleidigung einlassen. Andere machen sich damit selbst unglücklich und Sie sollten sich nicht selbst ins Unglück reiten. Damit nicht genug: Wenn jemand uns beleidigt, wiederholen wir das Drama vor unserem inneren Auge immer wieder und wieder: „Was hat er gesagt? Wie hat er mich behandelt? Was denkt der sich eigentlich?" Wir spielen die Situationen immer weiter vor unserem inneren Auge durch. Wir erklären uns damit einverstanden, uns für ein paar Tage in Unmut zu walzen. Manche Menschen gehen sogar so weit, dass sie sagen, dass sie etwas ihr ganzes Leben lang nicht mehr vergessen können. Aber wem schaden sie damit wirklich? Nur sich selbst. Man ist so durcheinander, dass man gar nicht mehr weiß, was man macht. Elend zu akzeptieren ist allein unsere Schuld und man multipliziert es immer weiter. Wenn Sie tiefer in sich selbst gehen, wird Ihnen das klar werden. Die Dinge werden immer klarer. Sie reagieren in Wahrheit nicht auf die Person und die Wahrheit, die sich dahinter verbirgt. Sie reagieren auf Ihre Gedanken bezüglich dieser bestimmten Person. Menschen sind für uns immer nur so, wie wir sie wahrnehmen, es entspricht dabei nur nicht der Realität. Denn sonst müsste eine Person von jedem Menschen auf dem ganzen Planeten gehasst werden, wenn sie einmal etwas Ungerechtes getan hat. Selbst die größten Straftäter finden irgendwo noch Sympathisanten. Wir entwerfen imaginäre Bilder und meißeln diese in unsere Köpfe. Sie werden zu Wahnvorstellungen, auf die wir anfangen zu reagieren, obwohl sie keinerlei Realität haben. Ein kleines Beispiel dazu: Vor 20 Jahren hat jemand etwas getan, was Sie gekränkt hat. Automatisch kreieren Sie ein Bild. 20 Jahre vergehen und Sie haben diese Person nicht gesehen, aber sobald Sie daran denken kommt Ihnen ein Bild von diesem üblen Menschen in den Kopf. Man sieht sich nach 20 Jahren wieder und man reagiert auf dieselbe Weise. Man reagiert hier doch gewiss nicht auf die Realität? Man reagiert auf sein altes Bild. Wir versuchen nicht, das zu analysieren, was tief in uns passiert. Wir sehen die Dinge immer nur aus einem Blickwinkel und damit sehen wir nur einen Teil der gesamten Wahrheit. Dreht man den Blickwinkel, kommt man der Wahrheit näher und man sieht die Dinge so, wie sie sind. Wir bilden nicht nur falsche Bilder von uns selbst, sondern wir wollen auch, dass andere genau das über uns denken. Wir möchten gemocht werden, um ein gutes Bild von uns selbst in anderen zu erzeugen. Bauen wir ein Verhältnis zu einer anderen Person auf, geschieht das auf einem Fundament von Erwartungen. Der erste Schritt, sein Elend zu beenden ist, wenn man erkennt, bei wem der Fehler liegt. Bei Vipassanā lernt man die Realität zu verstehen, so wie sie ist, in ihrer wahren Natur. Die innere Haltung verändert sich. Wenn Sie dann noch mal beleidigt werden, dann empfinden Sie diesen Menschen als krank und Sie wollen ihm helfen. Sie verspüren dieses innere Verlangen, diesem Menschen zu helfen und ihm zu seinem Seelenfrieden zu verhelfen. Sie werden Liebe und Mitgefühl empfinden. Man lernt zu leben. Man lernt friedvoll und harmonisch zu leben, sodass Sie es auch verbreiten. Wenn Sie immer weiter die Fehler in anderen suchen, dann wird es für Sie keine Lösung geben. Verstehen Sie diese Realität und entwickeln Sie Liebe für alle Menschen im Elend. Sie werden sehen, wie sich die Dinge zum Besseren wenden. Genau das ist der Sinn von Metta Bhavana. Es ist nicht so, dass man hiernach perfekt ist, aber das Ziel sollte klar sein. Solange Sie sich auf dem richtigen Pfad befinden, werden Sie auch dort ankommen. Im Folgenden finden Sie einige Tipps, um genau dies zu erreichen. Wenn Sie innerlich Hass empfinden, wird es Ihnen umso schwerer fallen, bedingungslos zu lieben. Dabei liegt der Fokus vor allem darin, selbst die Verantwortung für sein eigenes Wohlbefinden zu übernehmen, denn nur so

kann man es wirklich schaffen, Harmonie zu finden.

Tipp1. *Akzeptieren Sie die Realität*

Nehmen Sie an, was ist. Innerer Frieden ist ein Gefühl, das von innen heraus kommt, also muss man auch im Inneren beginnen. Um es noch zu konkretisieren: Beginnen Sie mit Ihrer Haltung gegenüber den Dingen, denn diese Haltung entscheidet darüber, ob Sie sich über gewisse Sachen stressen werden oder entspannt bleiben werden. Doch einer der wichtigsten Schritte hierbei ist: Leisten Sie dem aktuellen Zustand, so wie er ist, weniger Widerstand und begrüßen Sie ihn stattdessen! So gelingt es einem, Stress und Sorgen in Entspanntheit und inneren Frieden zu verwandeln. Oft fällt es uns schwer, wenn es um Gefühle geht, denn wir halten zu lange an ihnen fest und sie verfolgen uns. Früher oder später müssen wir sie allerdings akzeptieren. Akzeptieren Sie negative Gefühle von Anfang an und geben Sie damit die Erlaubnis, dass sie auch wieder verschwinden dürfen. Solange man es nicht akzeptiert, wird es einen verfolgen und Sie selbst dürfen entscheiden, was Sie akzeptieren. Also merken Sie sich: Innerer Frieden entsteht durch Akzeptanz.

Tipp 2. *Keiner zwingt Sie!*

Menschen vergessen oft in ihrem täglichen Umhertreiben, dass das Einzige, was wir wirklich müssen, atmen ist. Vielleicht kennen Sie ja folgende Sätze aus Ihrem eigenen Leben:
- Ich muss nachher noch einkaufen
- Ich muss noch was für die Uni machen
- Ich muss morgen meine Eltern besuchen
- Ja, ich hätte mehr Gas geben müssen in der Schule

Dramatisch, denn: Wie will man sich frei und voller Glück fühlen, wenn man andauernd etwas muss? Umso mehr man Dinge machen „muss", desto eingeengter fühlt man sich. Ihre innere Kommunikation hat einen großen Einfluss darauf, wie Sie sich fühlen. Ersetzen Sie das „muss" doch mal durch ein „kann" und die Welt sieht ganz anders aus. Natürlich benutzen wir „müssen" nur bei wirklich wichtigen Dingen, doch sind diese auch kein „Muss". Wir erschaffen uns unsere eigene Realität und dies geschieht auf Grundlage unserer Kommunikation. Nutzen Sie also die Kommunikation mit sich selbst wie ein Werkzeug, das Ihre eigene Realität erschafft. Probieren Sie es aus! Versuchen Sie, in einer positiven Weise mit Ihnen zu kommunizieren und Sie werden sehen, wie sich Zufriedenheit und Harmonie in Ihrem Leben einstellen. Viele Studenten kennen dieses Problem wahrscheinlich, dass in 2 Wochen Klausuren anstehen, für die sie sich noch nicht ausreichend vorbereitet haben. Daraus folgt, dass sie sich selbst sagen, dass sie lernen müssen, um die Klausuren zu bestehen. Müssen sie denn wirklich? Nein, denn sie haben sich selbst das Studienfach ausgesucht. Darüber hinaus haben sie sich auch selbst dazu entschieden, überhaupt zu studieren. Selbst der Punkt, dass man für das Bestehen einer Klausur lernen muss, stimmt nicht. Natürlich sollten sie lernen, aber es ist kein Muss. Sie könnten sich vielleicht das Wissen schon auf anderen Wegen angeeignet haben oder sie haben die Klausurlösungen schon vorher erhalten. Man ignoriert nur die Tatsachen, indem man „muss" benutzt. Sobald man aber anfängt, das Leben im „können" zu betrachten, entwickelt sich ein Gefühl von Freiheit und man übernimmt Verantwortung für sich selbst. Wenn „normale" Menschen meinen, etwas machen zu „müssen", dann lassen Sie sie. Für Sie allerdings gilt ab jetzt nicht mehr „müssen", sondern „können"!

„Die empfangende Ungerechtigkeit zu verzeihen,
bedeutet sich selbst die Wunde seines Herzens heilen"

Vinzenz von Paul

Tipp3. *Vergebung*

So, wie man versuchen sollte die Realität zu akzeptieren, sollte man dies auch mit Menschen tun. Akzeptieren Sie Menschen so, wie Sie sind, denn es ist nicht Ihre Aufgabe, über sie zu urteilen. Oftmals sind wir in Konflikten mit unserer Vergangenheit. Es sind Menschen, Dinge und Situationen, die wir nicht ändern können. Selbst wenn wir es uns so sehr wünschen würden, wir können einfach nichts ändern. Wir können es nicht loslassen und spielen es immer wieder und wieder in unseren Köpfen durch. Plötzlich merken wir, wie die Unzufriedenheit und der ganze Schmerz wieder hochkommen. Es ist, als hätte uns jemand mit einem Messer verletzt. Indem wir an unserer Wut festhalten, stechen wir das Messer noch tiefer in die Wunde hinein. Damit verletzen wir uns am Ende nur selbst. Vergeben Sie den anderen. Es geht nicht darum, ob sie es verdient haben, sondern darum, ob Sie selbst Frieden verdient haben!

Wir glauben, dass wir andere mit unserem Hass bestrafen, doch wen bestrafen Sie wirklich damit? Wir verurteilen uns damit selbst, nicht vergessen zu können. Wir halten die Gedanken an das, was passiert ist, am Leben und somit auch den Schmerz. Wer verzeiht, gestaltet aktiv sein Leben selbst und übernimmt somit Verantwortung für sein Leben. Darüber hinaus gilt: Wer verzeiht, lässt nicht zu, dass andere Menschen oder Ergebnisse das eigene Leben dauerhaft beeinflussen. Verzeihen heißt, loszulassen und die Wunden können anfangen zu heilen. Dauerschmerz ist für keinen gut und Verzeihen bringt Erleichterung für die Seele.

Was glauben Sie erfordert mehr Stärke: Jemandem zu verzeihen oder ihn zu hassen? Was raubt Ihnen wohl mehr Energie?

Ein Irrglaube ist, dass Menschen Verzeihen als ein Anzeichen von Schwäche sehen. Allerdings ist genau das Gegenteil der Fall, denn schwache Menschen verzeihen nicht. Eines ist allerdings im Zusammenhang mit „Vergebung" deutlich zu sagen. Vergeben heißt nicht, dass Sie das Geschehene gutheißen. Sie können es nach wie vor falsch finden. Wenn Sie verzeihen, dann entscheiden Sie sich lediglich dazu, dass die Tat Sie nicht länger negativ beeinflusst. Die Tat selbst wird dadurch nicht besser! Natürlich klappt Verzeihen nicht auf Anhieb und je tiefer die Wunden sind, desto mehr Zeit braucht man. Alle Steine, die Ihnen im Leben in den Weg gelegt werden, können Sie nutzen, um über sich hinauszuwachsen. Eine Blume zum Beispiel stört es nicht, wo sie wächst. Sie hat die Gabe, auch unter dem größten Geröll und Schmutz zu wachsen. Letztendlich siegt sie, indem sie das Hässliche durch ihre Blüten verschönert!

Vipassanā zeigt auf, was man verarbeitet hat und was nicht. Jeder Mensch glaubt natürlich, innerlich stark zu sein und gerade, wenn andere einen verletzen, wollen wir dies nicht zugeben. Es ist uns peinlich, Schwäche zu zeigen. Ist man aber in dieser völligen Isolation, wird einem klar, was man wirklich verarbeitet hat und was nicht. Einem wird bewusst, dass man sich angelogen hat. Ich hatte einige Erlebnisse in meiner Vergangenheit, denen ich mit sehr viel Hass entgegengetreten bin. Natürlich habe ich immer behauptet, dass ich damit schon lange durch wäre und es mich nicht mehr im Ent-

ferntesten interessiert. Es war aber nicht die Wahrheit. Sobald ich über diese Dinge nachgedacht
habe, empfand ich wieder all den Schmerz und
Hass. Solange man dieses Gefühl empfindet, ist
man nicht frei. Menschen, die gefüllt sind mit
Hass, können niemals bedingungslos lieben.

„Verzeihen ist keine Narrheit, nur ein Narr kann nicht verzeihen"

Aus China

Tipp4. *Hören Sie sich selbst zu.*

Auf wen soll man hören, wenn man eine wichtige Entscheidung treffen soll? Auf die Eltern oder den Partner? Vielleicht sollte man auch auf die Vernunft hören oder doch seinem Bauchgefühl folgen? Nur Sie alleine wissen, was im Moment am besten für Sie ist! Also hören Sie auf Ihre innere Stimme. Im ersten Moment klingt dies einfacher gesagt als getan, doch bei sehr wichtigen und weitreichenden Entscheidungen fällt es uns oft schwer herauszufinden, was wir wirklich wollen. Um hier Klarheit zu bekommen, kann man lernen, tiefer in seine Seele hineinzuhorchen. Dafür reicht es meistens schon aus, sich eine kleine Auszeit von ein paar Stunden zu nehmen. Schalten Sie Ihr Handy aus und begeben Sie sich an einen friedlichen Ort. Suchen Sie bewusst die Stille, denn unsere Seelenstimme ist immer existent, aber oft sind wir mental einfach zu aufgeputscht, um sie wahrzunehmen. Nutzt man die Kraft der Stille, kann man seine innere Bestimmung erfahren. Darüber hinaus hilft es natürlich zu meditieren, doch am Anfang reichen auch schon ein paar Minuten der Stille. Hilft Ihnen das nicht, dann schreiben Sie Ihre Gedanken einfach mal ganz ungefiltert und klar auf. Nehmen Sie sich ein Notizbuch zur Hand und schreiben Sie dort einmal täglich Ihre Gedankengänge auf. Seien Sie dabei ehrlich zu sich selbst. Natürlich sind wir alle viel beschäftigte Leute, aber nehmen Sie sich diese 5 Minuten am Tag, es sind schließlich 5 Minuten, die Sie mit sich selbst verbringen. Glauben Sie mir, Ihr „ich" wird sich freuen, wenn Sie sich mal die Zeit nehmen und ihm zuhören. Halten Sie in diesem Tagebuch all ihre Erkenntnisse fest, denn so geht Ihnen auf dem Weg nichts verloren. Anfangs wird es Ihnen wahrscheinlich sehr chaotisch vorkommen, aber irgendwann wird sich ein Muster in den Notizen ergeben. Damit wird Ihnen dann ganz klar, was Sie wirklich wollen. Gehen Sie ruhig mal in Kontakt mit sich selbst und konfrontieren Sie sich auch mal mit unangenehmen Dingen, die Sie gerne aufschieben. Ganz wichtig hierbei ist, keinen Schuldigen zu finden. Viele bemitleiden sich, wenn sie sich selbst zuhören, denn sie finden 100 Gründe etwas nicht zu tun. Allerdings wissen Sie jetzt, wenn Sie dem Buch folgen konnten, dass alles aus Ihrem Inneren kommt. Sie wissen, dass Sie der Gestalter Ihrer Zukunft sind. Paradox, dass Erwachsene immer Schülern empfehlen, in der Schule ordentlich aufzupassen, um später mal Ihre Zukunft selbst zu gestalten. Wir geben unsere Kontrolle aber doch nicht bei Bestehen des Abiturs ab, oder? Wir haben jederzeit, jeden Moment und jede Sekunde die Kontrolle darüber, unser gesamtes Leben zu ändern. Seien Sie also kein Opfer der Umstände mehr und übernehmen Sie hundertprozentige Verantwortung für Ihr Leben. Verbieten Sie sich ab jetzt sämtliche Ausreden und jegliches Jammern. Diese mentale Unsicherheit zu überwinden, ist keine leichte Aufgabe und an manchen Tagen wird es Ihnen viel abverlangen. Seien Sie geduldig mit sich selbst und freuen Sie sich auch über die kleinen Erfolge. Selbstverständlich tauchen auf dem Weg zu Ihrem Inneren einige Gegner auf. Selbstzweifel und Ängste sind häufige Begleiterscheinungen. Machen Sie sich allerdings keine Sorgen, es ist ganz normal, dass nicht jeder Tag von Euphorie geprägt ist. Gerade hier liegt Ihr interner Wachstumsprozess, nämlich indem man seine physische Komfortzone verlässt und man seine verborgenen Seiten annimmt. Versuchen Sie mal in einem Fitnessstudio ohne Widerstände zu trainieren. Außer dummen Blicken wird es Ihnen nicht viel bringen, denn ein Muskel braucht Widerstände, um zu wachsen. Widerstände, die es zu bezwingen gilt. Manche sind vielleicht noch zu groß und Sie benötigen mehr Training, aber irgendwann werden Sie es schaffen. So ist es auch im Leben. An Ihren Widerständen können Sie wachsen und schaffen Sie es nicht beim ersten Mal, dann beim zweiten, dritten oder hundertsten Mal. Wo Licht ist, ist auch Schatten. Lernen Sie, Ihren Schatten zu lieben, denn er gehört genauso dazu wie das Licht.

Tipp 5. *Perspektivwechsel*

Laut Definition ist ein Perspektivwechsel nichts anderes als eine veränderte Sichtweise auf einen Sachverhalt. Dadurch, dass Sie das Problem von einem neuen Standpunkt aus betrachten, gelingt es Ihnen, Lösungen durch einen komplett neuen Blickwinkel zu finden. Durch die Veränderung unserer Sichtweise bekommt man Anregungen zur Problemlösung oder lässt sich zu neuen Gedankengängen inspirieren. Oftmals hätten wir diese mit der bisherigen Denkweise und Bewertung nicht so schnell finden können. Fasst man es also zusammen, geht es beim Perspektivwechsel darum, bekannte Sachen von einer anderen Seite zu betrachten, neue Eigenschaften zu erkennen oder Unterschiede wahrzunehmen. Was hat dies jedoch jetzt mit innerem Frieden zu tun? Nehmen wir nun mal an, dass man jede Herausforderung von zwei Seiten aus betrachten kann.

Im Folgenden möchte ich Ihnen von einem Beispiel erzählen. Stellen Sie sich vor, es gäbe zwei alleinerziehende Mütter mit jeweils 5 Kindern. Beide Mütter arbeiten in derselben Firma, derselben Abteilung und bekommen das gleiche Gehalt. Eines Tages kommt ein Mitarbeiter zu der ersten Mutter und erzählt ihr voller Stolz, dass er gerade seinen Job gekündigt hat, um sich als selbständiger Unternehmer zu behaupten. Daraufhin bot er der ersten Mutter gleich einen Job an, denn er sucht noch ein Team, mit dem er seine Vision umsetzen kann. Er erklärte ihr, dass die Bezahlung am Anfang natürlicherweise nicht gerade hoch sei, aber wenn die Idee zündet, würde er sie zur Partnerin machen. Völlig überrascht antwortet die erste Mutter, dass sie sich sehr über dieses Angebot freuen würde, es aber leider nicht annehmen kann: „Ich bin dir sehr dankbar, dass du mich fragst, aber ich kann das Angebot wegen meinen 5 Kindern nicht annehmen. Das Risiko ist einfach zu groß! Julia kommt diesen Sommer schon in die Schule und Lukas wird irgendwann mal studieren. Es tut mir leid, aber ich kann das Risiko nicht eingehen." Der Mann akzeptierte ihre Antwort und ging zur zweiten Frau. Er erzählte ihr exakt dieselbe Geschichte und zwar, dass er sich selbstständig machen wollen würde und sie in ihrem Team haben möchte. Er bot ihr auch an, dass, wenn sie ihre Arbeit in das Unternehmen steckt, er sie später zur Partnerin machen würde. Die zweite Mutter war ebenfalls überrascht und antwortete: „Ich bin verwundert, dass du mich fragst, aber ich nehme dein Angebot für meine 5 Kinder an. Sie sollen es irgendwann mal besser haben als jetzt und ich möchte ihnen mehr bieten." Welche Entscheidung ist nun die bessere? Keine von beiden, denn es geht hier gar nicht darum, welche Entscheidung die schlauere war. Es geht darum, dass jede Entscheidung von zwei Seiten zu betrachten ist. Sie sollten immer die Seite wählen, die auch Ihrem Inneren entspricht. Wollen Sie Erfolge, dann fangen Sie diese an zu jagen und suchen sich die Seite der Medaille, die das auch möglich macht. Viel zu viele lassen sich von Dingen abhalten, die von einer anderen Perspektive gar nicht mehr so schlimm erscheinen. Sie haben schließlich die Wahl, welche Sicht Sie wählen. Die erste Mutter hat den Job gerade wegen ihrer Kinder nicht angenommen, die zweite gerade wegen ihrer Kinder. Ein kleines Wort, das am Ende des Tages den Unterschied ausmachen kann. Wenn Sie vielleicht eine alleinerziehende Mutter sind und Angst davor haben, sich selbst zu verwirklichen, da das Risiko zu hoch ist, dann probieren Sie doch genau diesen Perspektivwechsel mal aus. Er wird Ihnen definitiv dabei helfen, sich selbst zu verwirklichen und Ihrer inneren Bestimmung zu folgen. Noch etwas: Geben Sie niemandem die Schuld, wenn Sie etwas nicht erreichen können. Indem Sie sagen, Sie können etwas „wegen" einer bestimmten Sache nicht tun, geben Sie wieder Ihre Macht ab. Darüber hinaus machen Sie denjenigen für Ihr Scheitern verantwortlich, aber leider sind nur Sie selbst daran schuld. Wenn man meint, etwas zu tun, was man eigentlich möchte, aber man wird aufgehalten, sollte man sein Leben in ein ganz neues Licht stellen. Richten Sie ihren Blick ruhig öfters mal in die andere Richtung.

Tipp6. _Informationsdiät_

Kommen wir nun zum letzten Tipp. Machen Sie eine gezielte Informationsdiät. Wissenschaftler schätzen, dass der durchschnittliche westliche Mensch heute an einem Tag mit mehr Informationen bombardiert wird, als ein Mensch im Mittelalter in seinem gesamten Leben. Fakt ist allerdings, dass wir uns im Informationszeitalter befinden und die Nachrichtenflut immer mehr zunimmt. Wir müssen nur das Haus verlassen und werden überschüttet mit Informationen. Nachrichten, Tratsch, Werbung und vieles mehr rieseln ständig auf uns ein. Selbst in der Arbeitspause werden oft heiße politische Themen diskutiert und jeder regt sich mal wieder über Gott und die Welt auf, ob im Internet oder im TV. Informationen jeglicher Art und Stärke rieseln auf uns ein. Woran liegt das denn, dass wir solche Informationsjunkies sind? Sind es die Ängste, etwas zu verpassen? Man will informiert sein und mitreden können. Selbst wenn es nicht die Allgemeinheit betrifft, im Kern möchte jeder irgendwo mitreden können. Verständlich, denn sonst würden wir uns ziemlich schnell, ziemlich einsam auf diesem Planeten fühlen. Überraschung: Sie verpassen aber nichts. Wirklich wichtige Informationen werden Sie sowieso erreichen, also verzichten Sie ruhig mal auf Nachrichten. Nachrichten sind meist irrelevante Wortbeiträge von Wichtigtuern. Die primitiven Boulevardunterhaltungen und völlig unwichtige Diskussionen haben keinen direkten Einfluss auf das eigene Leben. Schauen Sie sich ruhig mal die Nachrichten an. Hier ein paar Beispiele von beliebten Themen:

„Die Umfragewerte der AFD steigen", „Demonstration von Kurden in Köln", der „Liveticker der Bundesliga", „Pakistan kappt Zugverbindung nach Indien", „Tankverbot für Rettungsschiff in Malta", „US-Geschäft macht Telekom stark" und so weiter. War eines dieser Themen für Ihr tägliches Leben relevant? Wurde hier etwas Grundlegendes entschieden? Nein, diese Artikel dienen dazu, eine Leere zu füllen und uns das Kostbarste zu stehlen: Unsere Zeit.

Natürlich ist es nicht möglich, alles zu filtern. Trotzdem sollte man bewusster mit dieser Datenflut umgehen und hinterfragen, was man dort eigentlich gerade konsumiert. Konsumiert man zu viel davon, dann verliert auch die Vielseitigkeit ihren Nutzen und wird zur Belastung. Nachrichten spiegeln das Leben nicht so wider, wie es wirklich ist und in 9 von 10 Fällen sind sie negativ. Wenn Sie es als wichtig empfinden, diese trotzdem zu konsumieren, dann handeln Sie. Viele regen sich über Krieg auf, aber schauen selbst nur zu, wie Menschen sterben. Ich habe mir selbst schon oft die Frage gestellt, ob es falsch ist, diese Dinge einfach auszublenden. Sollte ich als Durchschnittsbürger ignorieren, dass in Syrien Kinder sterben? Darf man über das Leid der Menschen hinwegsehen? Gegenfrage: Hilft es den Kindern in Syrien, wenn ich hier Zuhause vor meinem Fernseher mitleide? Wenn ich wie ein Gaffer vor dem Fernseher sitze und als ein Akt meiner persönlichen Unterhaltung das Leid verfolge? Ändert das etwas an ihrem Leid? Hilf, wenn du kannst und willst! Helfen Sie überall da, wo man helfen kann und Sie es auch möchten, aber lassen Sie darüber hinaus kein weiteres Leid zu. Eine Person kann nicht an hundert Fronten gleichzeitig kämpfen. Überlegen Sie sich, was Sie bereit sind für diese Welt zu tun und tun Sie das dann auch. Wenn Sie anfangen, Ihre Informationen zu selektieren, dann werden Sie Kraft und Energie tanken. Ihr Fokus wird gestärkt werden. Sicherlich werden einige diesbezüglich eine andere Meinung vertreten und es scheint für sie kontrovers, sich nicht mit Nachrichten auseinanderzusetzen. Das ist okay, denn jeder geht seinen ganz eigenen Weg und muss für sich schauen, was ihm guttut. Das ist Freiheit. Probieren Sie den Weg jedoch erst aus, bevor Sie ihn verurteilen. Während des Kurses wurden mir 11 Tage lang sämtliche weltlichen Informationen entzogen. Es war wundervoll! Ich habe für mich entschieden, bewusster darauf zu achten, was ich konsumiere und was mich nur negativ beeinflusst. In meiner Schulzeit hatte ich mal eine Lehrerin, von der ich sehr viel gehalten habe. Sie sagte mal zu mir, dass sie maximal eine Stunde in der Woche fernsieht. Alles darüber hinaus würde einen nur verblöden. Damals war ich entsetzt darüber, dass man in unserem Zeitalter so über die Medien denken kann. Heute verstehe ich sie. Informationen, die uns nützlich sind, uns unseren Zielen näherbringen, uns im Leben weiterbringen und zu unserem Wohlbefinden beitragen, sind jene, die es gilt herauszufiltern und aufzunehmen.

„Wer die Freiheit aufgibt, um Sicherheit zu gewinnen, wird am Ende beides verlieren."

Benjamin Franklin

11. Das Ende der Stille

Letzter Tag Vipassanā. Voller Euphorie sprang ich von meiner anfangs noch so gehassten Latexmatratze auf. Selten hatte ich um 4 Uhr morgens solch eine Energie. Es freute mich zu wissen, dass es bald vorbei ist. Die letzte morgendliche Meditation stand an und ich war sehr erleichtert, dass es die letzte sei. Definitiv bin ich kein Morgenmensch, aber diesmal lief ich voller Entschlossenheit zur Meditationshalle. Noch war es still, denn erst nach der Nachmittagsmeditation endet das Schweigen. So setzte ich mich erneut nieder und meditierte. Diesmal schossen jedoch keine überflüssigen Gedanken mehr in meinen Kopf. Ganz im Gegenteil: Ich genoss sogar noch einmal die Stille, in der ich mich befand. Anfangs konnte ich nicht mal 10 Minuten stillsitzen und jetzt schaffte ich es sogar, um 4 Uhr morgens konzentriert zu bleiben. Ein Gefühl von innerer Klarheit und Ruhe durchströmte mich. Irgendwie erfüllte es mich ebenso mit Stolz, denn ich schaffte es, meine eigenen Leistungen zu verbessern. Was mir anfangs unmöglich erschien, lief nun völlig routiniert ab.

Im Anschluss genoss ich noch mal die Zeit mit mir selbst. So schlenderte ich das letzte Mal durch den kleinen Park. Vorerst das letzte Mal in absoluter Stille und mit der wunderschönen Natur um mich herum. Überall waren Ameisen und Geckos, die meinen Weg kreuzten. Bäume, die sich im Wind bewegten und all dies verursachte immer noch tief in mir eine unglaubliche Faszination. Der Entzug von herkömmlichen Sinneswahrnehmungen hatte zufolge, dass meine Sinnesorgane extrem sensibilisiert wurden. Alles, was die Augen erfassen konnte, nahm ich auch wahr. Wenn Geckos im Unterholz unterwegs waren, konnte ich sie allein durch das Rascheln direkt identifizieren. Zu Beginn habe ich nicht mal das Rascheln wahrgenommen. Nun aber nahm ich alles genau wahr. Das Frühstück fand ebenfalls das letzte Mal in absoluter Stille statt. Dabei beobachtete ich allerdings die anderen Teilnehmer. Man sah ihnen an, wie nachdenklich sie waren. Diese 10 Tage haben viel hervorgebracht. Man wurde mit vielen Grenzen konfrontiert und die eigene Sichtweise wurde grundlegend geändert. Nun ist man jetzt vielleicht kein Guru, doch man hat sich selbst auf eine ganz andere Weise kennenlernen dürfen. Darüber hinaus kannte ich jetzt eine neue Sichtweise, die Dinge zu betrachten. Langsam, aber sicher, schlich sich auch die Aufregung in meinen Geist. In wenigen Minuten war es soweit und man kehrte zurück in die Kommunikation. Auf der einen Seite freute ich mich extrem darauf, mich mit den anderen Teilnehmern auszutauschen, aber auf der anderen Seite war da trotzdem ein Gefühl der Angst. In den Gesichtern der Teilnehmer konnte ich allerdings sehen, dass es nicht nur mir so ging. Im Anschluss an das Essen fand die letzte Meditation in absoluter Stille statt. So liefen wir ein letztes Mal schweigend im Klang des Dschungels zur Meditationshalle. Meditieren war jetzt allerdings schwieriger als gedacht. Viel zu aufgeregt schaute ich alle paar Minuten auf die Uhr. Ich konnte es kaum erwarten, mich endlich auszutauschen. Ich wollte die Erfahrungen sowie Erkenntnisse teilen und die Menschen kennenlernen, die 10 Tage schweigend mit mir zusammenlebten. Menschen mit jeglicher Herkunft.

Plötzlich war es so weit! Der Gong schallte durch die stille Halle und unser Lehrer beendete mit einer kleinen Rede die Meditationssession. Dabei teilte er uns mit, dass, wenn wir nun die Halle verlassen, das Schweigen aufgehoben wird. Beim Rausgehen dann das Schild: „Die noble Stille ist jetzt aufgehoben." Staunend stand ich vor dem Schild und konnte es irgendwie nicht ganz glauben, dass man jetzt wieder reden durfte. Die anderen Teilnehmer strömten nur so aus der Halle und es begann ein lautes Gerede. Es war rührend, wie sich Freunde, Familienmitglieder und fremde Menschen in den Armen lagen. Alle lachten und strahlten nur so voll positiver Energie. Mich irritierte diese Lautstärke etwas, denn es war so ungewohnt, so viele Menschen durcheinander reden zu hören. Irgendwie war ich sogar traurig darüber, denn die Stille hatte etwas Magisches. Man lebte schließlich 9 Tage lang mit wildfremden Menschen zusammen, ohne jegliche Kommunikation, und plötzlich ist man beim Übertreten einer Linie zurück im alten Leben. Ein Leben, das voller Krieg, Hass und Neid ist. Darüber hinaus fühlte ich mich extrem einsam in diesem Moment. Als einer, der ganz alleine angereist war, stand ich nun da und wusste nicht so wirklich wohin mit mir. Schließlich konnte ich nicht zu irgendwelchen Freunden gehen, um mich auszutauschen. Gerade dann, nachdem man so lange in Isolation gelebt hat, fiel es mir schwer, meine Hemmungen zu verlieren, um wildfremde Menschen anzusprechen. Schließlich tat ich es doch, indem ich mich umschaute und die Menschen auswählte, die genauso hilflos wie ich aussahen. Zum Glück stand mein Zimmernachbar genauso ratlos neben mir und ich fragte ihn ganz direkt, wie er den Kurs fand. Hier endete meine Reise zu mir selbst, denn im Laufe der nächsten Stunden stand Gemeinschaft auf dem Programm.

Die Menschen hinter den Gesichtern

An diesem Tag lernte ich die unglaublichsten Menschen kennen, denen ich je begegnet bin. Ich hatte schon ganz vergessen, wie gut uns eigentlich soziale Kontakte tun. Ehe ich mich versah, war ich in zahlreiche Gespräche mit Menschen aus der ganzen Welt verwickelt. Man fühlte sich nach dem Kurs irgendwie wie in einer großen Familie, denn man hat körperlich und psychisch einiges durchgemacht. Ein Gemeinschaftsgefühl entstand, weil man im Prinzip nie alleine gelitten hat. Die anderen erzählten ebenso, wie schwer es ihnen fiel, die täglichen Meditationen durchzustehen. Im Minutentakt kamen neue freudestrahlende Menschen auf mich zu und stellten sich mir vor. Wir unterhielten uns über alles Mögliche. Sicherlich auch viel über Vipassanā, aber es ging viel mehr darum, dass man die Menschen kennenlernt, mit denen man so viel Zeit und so eine lebensverändernde Erfahrung gemacht hat. Die Atmosphäre, die auf einmal herrschte, war die Herzlichste, die man nur erleben konnte. Wildfremde Menschen aus Dubai, Syrien, Indien, Schweden, Bali, USA, Japan und Russland lagen sich in den Armen und waren einfach nur glücklich. Zuhause führen ihre Länder Debatten gegeneinander, aber hier herrschte nur Liebe und Harmonie. Jede Gesellschaftsschicht war vertreten und alle verstanden sich. All diese Menschen inspirierten mich auf ihre eigene Art und Weise. Einer davon war John, der mit seinem Fahrrad von Portugal nach Singapur gefahren ist. Weit über 15.000

Kilometer hatte er auf einem herkömmlichen Fahrrad zurückgelegt. Ich erinnere mich noch, wie ich ihn am ersten Tag ankommen sah. Er kam natürlich auf seinem Fahrrad. Als ich ihn fragte, was das Härteste auf seinem ganzen Trip gewesen sei, antwortete er mir: „Definitiv Vipassanā, obwohl die Straßen in Kasachstan ziemlich beschissen waren." Einen weiteren Menschen, den ich kennenlernen durfte, war Jakub. Jakub hatte in seiner Heimat Tschechien alles stehen und liegen gelassen, um sich selbst zu finden. So zog er mit 2.000 Dollar und dem großen Lebenstraum, Tony Robins einmal live zu erleben, los. Einige Zeit habe er in Thailand verbracht, wo er ein Mädchen kennenlernte, das lange Zeit für Tony Robins´ Team gearbeitet hatte. Voller Stolz berichtete er mir, dass er in einer Woche endlich ein Tony-Seminar in Singapur besuchen würde. Die Karten habe ihm seine Bekanntschaft aus Thailand geschenkt. Er sprach davon, dass es Schicksal war, dass sie sich kennenlernten. Als er ihr von seinem Traum erzählte, kam sie einen Tag später mit den Karten zu ihm zurück mit den Worten: „Eines Tages wirst du auch eine Chance haben, einem anderen Menschen zu helfen, seine Träume zu leben." Anschließend wolle er nach Burma weiterreisen. Sein Geld wird langsam knapp und so hat er um Asyl in einem Aschram gebeten. Die Mönche haben sich tatsächlich dazu bereit erklärt, ihn für eine gewisse Zeit aufzunehmen und mitzuernähren, solange er sich als Lehrer in Schulen beteiligt. Wo ein Wille ist, ist auch ein Weg. Ebenfalls hatte ich auch eine Frage an ihn, die mir sehr auf dem Herzen lag: „Was denkst du über all die Leute, die in Europa ein unglückliches

Leben haben und anstatt sich vom Elend zu befrei-
en, nur noch mehr jammern? Dein Umfeld reagierte bestimmt nicht gerade erfreut, als du ihnen von
deinen Plänen erzählt hast. Wie bist du damit umgegangen?" Er antwortete mir: „Lange Zeit hat
mich das sehr runtergezogen. Es hat mich stück-
weise sogar krank gemacht. Konzentriert man sich
allerdings darauf, sein eigenes Leben so zu gestalten, dass man jeden Tag vor dem Spiegel steht und
stolz auf das ist, was man da sieht, kann man vielleicht andere auch dazu inspirieren, einen ähnli-
chen Weg zu gehen. Wenn du dich wirklich selbst
liebst, empfindest du nur noch Trauer gegenüber
denen, die es nicht tun."

Ben hingegen war genau das Gegenteil von jung
und dynamisch. Stolz erzählte er uns, dass er vor
kurzem 70 geworden sei und mehrmals im Jahr an
Vipassanā-Kursen teilnimmt. Sein Gesicht zierte
ein langer weißer Bart. Ben war auch das erste Gesicht, das mich im Aschram in Empfang genommen hat. Für uns schien er sowas wie ein Vi-
passanā-Experte zu sein, denn laut eigenen Anga-
ben hat er schon an über 20 Seminaren teilgenom-
men. Wenn er nicht gerade Vipassanā macht, hilft
er Menschen auf der ganzen Welt. Wenige Wochen
zuvor war er noch im Mutter-Theresa-Kranken-
haus in Indien ehrenamtlich behilflich. Früher war
er Arzt, sagte er und als seine Frau mit 50 starb,
widmete er sein Leben dem der anderen. So reiste
er schon mehrere Jahre von Ehrenamt zu Ehrenamt
und war dabei immer noch voller Entschlossenheit,
Menschen zu helfen. Ben hatte zwei Kinder, die er
nur sehr selten sieht. Also fragte ich ihn ganz direkt, welche die wichtigste Lebensweisheit ist, die

er ihnen mit auf den Weg gegeben hat und ob er ihnen raten würde Vipassanā zu praktizieren. Humorvoll antwortete er: „Sicherlich empfehle ich jedem Menschen Vipassanā zu praktizieren. Wenn es jeder machen würde, hätten wir keinen Krieg auf dieser Welt. Man kann seinen Kindern nicht wirklich etwas mit auf den Weg geben. Ich habe versucht, sie zu anständigen Menschen zu erziehen, die Entscheidungen so treffen können, dass sie mit den Resultaten am glücklichsten sind. Das Einzige, was ich meinen Kindern immer gesagt habe, ist: „Heiratet nicht, bevor ihr 30 seid! Der Rest wird sich fügen."

Es ging aber auch ganz anders. Mian ist 30 Jahre alt und hatte in der Vergangenheit ein schweres Drogenproblem. „Es gab nichts, wirklich nichts, was ich nicht genommen habe", behauptete er. Selbst der Fakt, dass in seinem Land auf den Konsum jeglicher illegaler Drogen die Todesstrafe steht, hielt ihn vor der Konsumierung nicht ab. Im Vipassanā jedoch fand er den Weg der Erlösung. Mian war allerdings nicht als Kursteilnehmer dort, sondern als Freiwilligenhelfer. 4 Kurse hatte er bereits besucht und die Zeit dazwischen vertrieb er sich hier und da mal als ehrenamtlicher Helfer. So fragte ich ihn, was seine Motivation sei, um Menschen zu helfen, ohne eine Gegenleistung zu erhalten. Seine Antwort bewegte mich sehr: „Ich schaffe es so, glücklich zu sein ohne Drogen. Das Gefühl, andere glücklich zu machen, gibt mir Kraft. In meiner Vergangenheit habe ich mir und meinen Mitmenschen viele schlimme Dinge angetan. Vipassanā hat mich gelehrt, dass ich kein schlechter Mensch bin, nur weil ich schlechte Dinge getan habe. Zuhause, da bin ich ein Ex-Junkie, aber hier bekomme ich Liebe, ganz egal, was ich auch getan habe. Diese Liebe will ich weitergeben an Menschen wie mich, die auch hier enden und nicht weiterwissen. Ich hatte damals die Wahl, entweder an Drogen zu sterben oder es noch einmal zu versuchen. Vipassanā hat mir dabei sehr geholfen. Wenn ich einem anderen Menschen nur ein wenig bei diesem Prozess beistehen kann, habe ich die Chance, etwas zurückzugeben. Mein ganzes Leben habe ich mich nie an Regeln gehalten, aber hier habe ich das Gefühl, ich muss es machen. Das hier ist mein Weg, es wiedergutzumachen. Jeder, dem ich helfen kann, gibt mir nicht mehr das Gefühl, wertlos zu sein." Ich war völlig beeindruckt von all diesen Menschen. Darüber hinaus lernte ich noch John, einen Surflehrer aus Bali kennen und Sam, der mehrere Multi-Millionen-Doller Unternehmen besaß. Als ich sie fragte, was ihr Geheimnis auf dem Weg zum Erfolg war, antworteten beide dasselbe: „Wenn du erfolgreich sein möchtest im Leben, finanziell wie auch in allen anderen Bereichen, dann tu das, was du liebst und das jeden Tag! Nur wenn du etwas machst, was du liebst, kannst du ein Meister werden. Ich geh nicht arbeiten, ich verdiene Geld mit Dingen, die ich liebe." An diesem Tag vergingen die Stunden so schnell wie noch nie und ehe ich mich versah, begann schon langsam die Dämmerung. Die ganze Zeit unterhielten wir uns über die verschiedensten Themen. Man redete über Finanzen, Wirtschaft, Politik, Glück und Lebensentscheidungen, die man getroffen hat. Ich tauchte in verschiedene Kulturen ab und war überrascht, dass sie sich im Kern gar nicht so voneinander unterscheiden. Natürlich vertritt jede Nation unterschiedliche kulturelle Bräuche, aber im Prinzip sind alle auch nur Menschen, die nach den gleichen Dingen suchen, wie alle anderen auch. Stunde um Stunde verging und als ich auf die Uhr schaute, stellte ich schockiert fest, dass es schon längst 22 Uhr war. Die Hausregeln besagten, dass jeder Teilnehmer spätestens um 22 Uhr auf seinem Zimmer sein muss. Heute störte es aber niemanden. So saßen wir draußen unterm Sternenhimmel und erzählten über uns. Erstaunlich, denn eigentlich dachte ich nicht, dass ich es so vermisst hatte zu kommunizieren, doch es war ein unbeschreiblich schönes Gefühl, in Gesellschaft zu sein. Es war eine Stimmung voller unendlicher Liebe. Andauernd wurde gelacht und sich umarmt. Man bedenke, dass sie sich alle nicht kannten und im alltäglichen Leben würden diese unterschiedlichen Menschen auch niemals zusammenfinden. Aber hier wurde ein Ort geschaffen, der größer war als das. Kurz vor Mitternacht verabschiedete ich mich langsam und begab mich zurück auf mein Zimmer. Vielleicht war es auch nur Zufall, dass ich solche Menschen an diesem Ort traf, aber ich hatte ganz stark das Gefühl, dass dieser Ort viele von ihnen magisch anzog. Total erschöpft fiel ich viel zu spät in mein Bett. „Wie konnte das nur sein?", fragte ich mich. In Deutschland wurde ich oft dafür belächelt, dass ich mich dazu entschied, in ein Aschram zu gehen. Ich wurde dafür belächelt, dass ich auf der Suche nach mir selbst bin. Wurde belächelt, wenn ich sagte, dass ich unzufrieden mit einem „normalen" Leben war. Dabei sind sie eigentlich die wahren Opfer, denn sie leben in Unwissenheit.

Ich bin geflohen aus einer Welt, wo alle Menschen deprimiert auf ihre Smartphones starrten- voller unerfüllter Wünsche und Träume. Nun war ich dort, wo Menschen waren, die an sich glaubten, die „ja" zum Leben sagten und die ihren ganz eigenen Zweck der Existenz gefunden haben, die darüber hinaus ohne Vorurteile lebten und es schafften, einen Raum mit positiver Energie zu füllen. Mir war zwar klar, dass es im Alltag nicht so zugehen würde, dennoch machte mich der Gedanke, diesen Ort am nächsten Tag zu verlassen, sehr traurig. So schlief ich ein letztes Mal auf meiner geliebten Matratze und versuchte, alles zu verarbeiten. Neben all diesen großartigen Persönlichkeiten habe ich 10 Tage gespeist, geschlafen und meditiert. In meinem Leben war ich noch nie so dankbar.

„Die Liebe weist dem Menschen seines Lebens Ziel.
Die Vernunft gibt ihm die Mittel in die Hand, es zu erreichen"

aus China

12. Abschied

Ein letztes Mal um 4 morgens aufstehen, ein letztes Mal mitten in der Nacht meditieren und ein letztes Mal abgeschottet von jeglicher Kommunikation nach außen.

Nach der morgendlichen Meditation, die ich ehrlich gesagt nicht mehr ganz ernst nehmen konnte, war es dann soweit. Die direkte Konfrontation mit der Außenwelt stand bevor. Nur noch wenige Sekunden und ich war zurück im digitalen Zeitalter. Ehrlich gesagt konnte ich es kaum noch aushalten! Dafür, dass man 10 Tage im absoluten kalten Entzug gelebt hat, ging es mir aber erstaunlich gut. Ich gehöre definitiv zu den Personen, die einen überdurchschnittlichen Medienkonsum vorweisen können. Einen Monat zuvor habe ich meine Smartphone-Nutzung mal tracken lassen. Das Ergebnis ist schockierend. Im Durchschnitt verbringe ich bis zu 6 Stunden täglich an meinem Smartphone. Umso größer war meine Verwunderung darüber, dass ich die 10 Tage echt sehr gut weggesteckt habe. Natürlich war öfters mal kurz das Verlangen da, sich den Freunden und der Familie mitzuteilen, aber insgesamt dann auch wieder nicht. Irgendwie genoss ich es sogar, teilweise unerreichbar zu sein, denn dann beschäftigt man sich wirklich mal mit sich selbst. Keine Problemchen erreichen einen, nur die eigenen. Nach einem kurzen Essen, das ich halbherzig herunterschlang, war es dann soweit. Wir bekamen unsere Smartphones zurück! Jetzt stieg die Nervosität, denn ich wollte allen von meinen großartigen Erfahrungen berichten. Die Handys wurden luftdicht verschweist aufbewahrt, jedes hat eine Nummer bekommen und somit konnte man der Ausgabe einfach seine Nummer sagen und man war zurück. Erstaunt stellte ich fest, dass so gut wie alle ziemlich nervös wurden. Der Drang, sich mitzuteilen, hat wohl nichts mit dem Alter zu tun. Es dauerte ein paar Sekunden und dann war ich endlich an der Reihe. Über 240 Stunden habe ich es geschafft, darauf zu verzichten und plötzlich von einer Sekunde auf die andere war man wieder online. So zögerte ich noch eine kurze Sekunde und aktivierte es dann. Innerhalb von nur einer Sekunde schossen jegliche Art von Informationen auf mich ein und ich wurde förmlich von einer Datenwelle überrollt. Ob WhatsApp, Instagram oder Facebook, jeder wollte etwas von einem. Natürlich kommen bei 10 Tagen einige Nachrichten zusammen, aber dass es so viele wurden, überraschte mich dennoch. Ich zog mich in mein Zimmer zurück, legte mich aufs Bett, atmete einmal tief durch und tauchte ab in die virtuelle Welt. Nach kurzer Zeit schaute ich auf die Uhr und stellte fest, dass schon 30 Minuten vergangen waren und ich schon längst beim Aufräumen helfen musste. Erstaunlich, wie man auf einmal die Zeit vergisst, wenn man sie nicht bewusst wahrnimmt. Zeitig meldete ich mich zurück, um beim Aufräumen zu helfen. Nach 3 Stunden Kücheschrubben war das Aschram auch schon wieder auf Vordermann gebracht. Wir teilten uns in kleinere Gruppen auf, die alle ihren Teil dazu beitrugen, um das Aschram bereit für die nächsten Kursteilnehmer zu machen. Während des Aufräumens unterhielt ich mich viel mit meinem Zimmernachbarn. Wieso auch immer war er mir gleich von Anfang an sympathisch, denn er war der Zweitjüngste im Kurs und hatte auch so wie ich seine Probleme. Oft habe ich beim Meditieren geschaut, ob seine Augen geöffnet waren und er konzentriert bei der Sache war. Meistens war er das, genauso wie ich, allerdings nicht. So konnte ich mich ein wenig mit ihm identifizieren. Wir wurden innerhalb der kurzen Zeit gute Freunde und ich entschloss mich später dazu, ihn in Borneo besuchen zu gehen. Eine meiner besten Entscheidungen, denn die Zeit in Borneo war einfach nur klasse. Nach dem Aufräumen der Küche begann die Aufbruchsstimmung, denn der erste Reisebus stand zur Abfahrt bereit. Da ich mich nicht wirklich um meine Rückreise gekümmert hatte, fragte ich meinen Nachbarn, ob er mich ein Stück mitnehmen könne. Er war selbst mit dem Auto angereist und so bot er mir an, mich in die nächstgrößere Stadt zu begleiten. Dann ging es relativ zügig. So schnell, wie alle gekommen sind, waren auch aller wieder weg. Wir verabschiedeten uns untereinander, schossen noch ein paar Erinnerungsfotos und tauschten unsere Kontaktdaten aus. Anschließend packte ich meinen kleinen Backpack, verstaute meinen Laptop und zog wieder normale Kleidung an. „Das wars dann wohl", dachte ich mir und warf einen letzten Blick in mein Zimmer. Mir kamen die 10 Tage vor wie eine Ewigkeit. Dadurch, dass sich alle Prozesse verlangsamt haben, verlor man ein gewisses Zeitgefühl. Von den Übriggebliebenen verabschiedeten wir uns langsam und verließen das Gelände. Kaum vorzustellen, dass ich vor 10 Tagen noch als komplett anderer Mensch vor diesen Toren stand und denselben Satz las: „Welcome to

Dhama Malaya Vipassanā Center". Die Atmosphäre war dieselbe wie am ersten Tag. Ein traumhafter Ort, mitten im Meer aus Palmen. Meine Nasenlöcher waren immer noch gefüllt mit dem Geruch von purer Natur. Die Vögel zwitscherten immer noch und in der Ferne hörte man das Rauschen des Windes. Nur ich war nicht mehr derselbe Mensch, denn mein Inneres das schwang jetzt ganz anders. Im Herzen war Harmonie eingekehrt und Liebe floss durch meine Adern. Auch wenn man nicht vom Elend befreit war, hatte ich aber jetzt gelernt, damit umzugehen. Angekommen in der nächstgrößeren Stadt nahm ich den Fernbus Richtung Küste. Eine sechsstündige Busfahrt stand mir bevor. Allerdings verging diese wie im Fluge, denn ich hatte ja jetzt mein Smartphone. So verbrachte ich die gesamte Fahrt damit, Freunde, Familie und Bekannten davon zu berichten. Die virtuelle Welt hatte mich wieder. Ich war froh, meiner Umwelt meine Erfahrungen mitzuteilen, aber vor allem war ich einfach nur glücklich. Glücklich darüber, diese Erfahrung gemacht zu haben und sie mit der ganzen Welt zu teilen.

Jede Reise endet

Es freut mich, Sie mit auf eine kleine Reise genommen zu haben, die vielleicht außerhalb Ihrer Vorstellung war. Vielleicht konnten Sie zuvor wenig mit Meditation anfangen, so wie ich einst auch. Vielleicht habe ich Sie ja auch dazu inspiriert, selbst den Weg der Harmonie zu gehen. Ich habe hier meine ganz eigenen Erfahrungen und Dinge aus diesem Kurs mitgenommen. Ich bin mit einem sehr westlichen Denken an die Sache herangetreten und teilweise gelang es mir, meine alten Konditionierungen über Bord zu werfen. Doch nicht immer. Ich bin dem ganzen mit wenig Spiritualität entgegengetreten und daher habe ich es wahrscheinlich anders wahrgenommen als andere. Ich habe es so wahrgenommen wie ein Mensch, der aus einer Leistungsgesellschaft voller unglücklicher Menschen kommt. Menschen, die sich über ihre Autos, Häuser und ihren Status definieren. Die dem Stück Papier in ihren Hosentaschen mehr Aufmerksamkeit schenken als der Suche nach ihrem Glück. Zuvor sprach ich mit vielen Menschen über Vipassanā und fast alle sagten mir, dass sie es bewundern, doch selbst niemals machen würden. Ich akzeptierte diese Tatsache zwar, aber es machte mich sehr traurig. All diese Menschen werden über 40 Jahre mit ihrem Job verbringen, aber sind nicht einmal bereit, sich für 10 Tage auf die Suche nach bedingungsloser Liebe, Harmonie und Glück zu begeben? Arbeiten ist jedenfalls nicht mein Sinn des Lebens. Wenn dies alles keinen Stellenwert für diese Menschen hat, warum beschwert sich gerade diese Fraktion am meisten? Ist es die Angst vor der Realität, die sie am Handeln hindert?

Oder ist es der Gedanke, dass, wenn sie einmal erfahren haben, was bedingungslose Liebe, Glück und Harmonie ist, dass sie nie wieder etwas anderes wollen? Als ich das Aschram verließ, hinterfragte ich mich sehr oft selbst auf meiner Reise. Warum bin ich hier? Was ist meine Aufgabe im Leben? Was bringe ich für einen Mehrwert in die Welt? Was haben andere davon, dass es mich gibt? Welche Ziele sind für mich wichtig? Auf welchen Werten basiert das Fundament meiner Persönlichkeit? Wenn unsere Gedanken nicht real sind, ist dann das Bild, was ich von mir habe, auch nicht real? Wieso hängen wir in der Vergangenheit fest, obwohl sie nicht mehr real ist und wieso leiden wir Menschen so viel? Gibt es überhaupt Glück oder heißt Glück einfach nur, den richtigen Umgang mit Leid zu lernen? Die Antwort auf einige dieser Fragen konnte ich dort finden. Ich fand sie nicht in irgendwelchen Theorien oder Ritualen. Ich fand sie in mir selbst, denn dort liegt die einzige Wahrheit, die zählt! Durch die Kraft der Aufmerksamkeitsmeditation gelingt es einem, seine Persönlichkeit zu erforschen. Gerade die Fragen, die uns oft unbeantwortbar erscheinen, erleuchten oft unter anderer Betrachtung in einem neuen Licht. Ich lernte, für jeden Menschen Mitgefühl und Liebe zu empfinden. Darüber hinaus erfuhr ich am eigenen Leib, wie schwer es ist, mit Leid umzugehen. Doch umso mehr man das Elend bändigen kann, desto mehr Frieden stellt sich ein. Viele stimmen damit nicht überein, allerdings habe ich gemerkt, dass es mir zu einem glücklicheren Leben verhilft. Ich habe schon sehr oft den Spruch gehört: „Wenn du der smarteste Typ im Raum bist, dann bist du definitiv im falschen Raum". Doch ich sehe das alles jetzt etwas anders. Meiner Meinung nach sollte der Spruch wie folgt heißen: „Wenn du ein smarter Typ bist, ist es scheißegal in welchem Raum du dich befindest!". Geben Sie Ihre Kontrolle über Ihre Gefühle nicht immer ab. Sie bestimmen über sich selbst. Sie haben Ihr Schicksal in den Händen und nur Sie treffen Entscheidungen. Im Leben wird es immer mal wieder schwierige Zeiten geben und das ist auch gut so! Ohne Hass, Trauer und Leid gäbe es gar kein Glück und Liebe. Wir kennen die Liebe nur, wenn wir auch hassen. Daher ist es völlig normal, dass es Perioden im Leben gibt, in denen wir uns miserabel fühlen. Es geht auch gar nicht darum, diese Perioden zu vermeiden, sondern darum zu lernen mit ihnen bestmöglich umzugehen. Dadurch, dass man weder Abneigung noch Verlangen erzeugt, gelingt es einem, objektiv zu beobachten. Vorher reagierte ich sofort, wenn meine Gefühle sich veränderten. Wenn ich mich ärgerte, änderte sich direkt meine Körperhaltung, meine Stimme hob sich an und meine Wortwahl wurde ausfallender. Heute beobachte ich was in mir passiert und reagiere gelassen darauf. Es gelingt mir sicherlich nicht immer, aber das muss es auch gar nicht. Ying und Yang, man kann nicht nur glücklich sein, auch das liegt nicht in unserer Natur. Glück beinhaltet Leid und andersherum.

Doch welche Auswirkungen hatte diese Erfahrung nun auf mein Leben? Kurz gesagt, sie hat mein ganzes Leben auf den Kopf gestellt! Ich habe zuvor nie wirklich auf meine Ernährung geachtet und auch Meditation hielt ich für Schwachsinn. Heute sieht es ganz anders aus. Durch die vegetarische Ernährung habe ich erst mal gemerkt, wie viel Energie der Körper alleine schon aus der Nahrung gewinnen kann. Als Student habe ich mich oft von Fertiggerichten und Tiefkühlware ernährt, was nicht wirklich Lebensmittel sind, denn mit Leben haben diese wenig zu tun, eher mit Chemie. Der Körper steht im direkten Zusammenspiel mit der Psyche. Wenn Sie nur „Bullshit" in sich hineinstopfen, dann werden Sie sich auch dementsprechend fühlen. Natürlich ist es einfacher und geht vielleicht schneller, doch wenn Sie sich gesund ernähren wird Ihr Leben einfacher und Sie werden schneller. Die Ernährung übernahm ich in geminderter Form in meinen Alltag und merkte schnell, wie mir viel mehr Energie zur Verfügung stand als sonst. Du bist eben, was du isst! Darüber hinaus wurde ich extrem selbstbewusst, da ich gelernt habe mit mir selbst klarzukommen. Man braucht nun keine Bestätigung mehr von außen, dass man einen Wert hat. Man selbst weiß es. Einen Nachteil hat die ganze Sache jedoch: Man muss am Ball bleiben! Die ersten Monate zurück in meinem Alltag liefen anders als erwartet. Dadurch, dass man plötzlich nicht mehr endlos Zeit hat zu meditieren, bemerkte ich auch, wie ich es immer mehr vernachlässigte. Anfangs meditierte ich noch täglich, später hingegen nur noch ab und zu. Immer mehr rutschte ich wieder in alte Gewohnheiten und auch meine Ernährung wurde mit der Zeit immer schlechter. Zurück im alten Leben, kamen auch ziemlich schnell wieder die alten Probleme. Nach kurzer Zeit bemerkte ich immer mehr Dinge, die ich in meinen Alltag integriert habe, die mir sichtlich schadeten. Darüber hinaus bemerkte ich ebenfalls, wie ich immer weiter von meinen Zielen abrutschte, als ihnen näherzukommen. Diese Erfahrungen musste ich allerdings machen, denn es zeigte mir, dass es nicht reicht, einfach mal ein paar Tage zu meditieren und schon erreicht man all seine Ziele. Die Persönlichkeitsentwicklung ist ein ständiger Prozess, der niemals schläft. Er ruht auch nicht oder macht Urlaub. Ständig muss man an sich arbeiten, wenn man dahin kommen möchte, wo man hin will. Gerade in schwierigen Zeiten fällt es uns schwer, standhaft zu bleiben. Doch da ist es am wichtigsten. Vertrauen Sie sich selbst!

Anschließend nutzte ich die Zeit, um die gewonnenen Eindrücke zu verarbeiten. So reiste ich von Dorf zu Dorf. Grundsätzlich mied ich Großstädte, denn ich genoss es, noch ein wenig abgeschottet zu sein vom Rest der Welt. Als letzte Station meiner Reise stand jedoch wieder Kuala Lumpur auf dem Programm: Die Stadt, in der die ganze Reise begann. Am letzten Tag vor meiner Abreise schlenderte ich ein wenig durch die Straßen, als es plötzlich extrem stark anfing zu regnen. Unvorbereitet wie ich war, hatte ich nichts dabei: Weder eine Jacke noch einen Schirm. So lief ich im strömenden Monsunregen zurück ins Hotel. Meine Kleidung war völlig durchnässt und alles, was ich dabei hatte, war komplett nass. Zum Glück war mein Handy wasserdicht, denn sonst gäbe es direkt die nächste ungewollte Informationsdiät. Als ich so durch die Straßen lief und dabei fröhlich durch die Gegend schaute, bemerkte ich, wie ich beobachtet wurde. Die Menschen, die sich am Straßenrand sammelten, um sich vor dem Regen zu schützen, schauten mich verwundert an, da ich in aller Gelassenheit durch die Gegend schlenderte. In ihren Blicken konnte ich förmlich sehen, wie sie mich für verrückt erklärten. Aus irgendeinem Grund amüsierte mich diese Tatsache noch mehr und ich begann zu schmunzeln, obwohl ich von oben bis unten nass war. Selbst meine Schuhe waren voll mit Wasser. Wenig später begegnete mir eine Frau mit einem Regenschirm, die mich zuerst leicht skeptisch ansah. Freundlich bot sie mir an, unter ihren Schirm zu kommen, denn der Regen wurde immer stärker. Ich verneinte ihr Angebot lächelnd und sagte ihr, dass es sehr aufmerksam sei, ich dennoch gerne im Regen spazieren gehe. Verdutzt schaute mich die Frau an, denn sie verstand diese Abweisung nicht. „Sie werden doch ganz krank und sind jetzt schon ganz durchnässt, wie können Sie denn gerne im Regen spazieren gehen?" Ich antwortete ihr: „Wenn man wirklich glücklich ist und ein Ziel hat, macht es einem sogar Spaß im Regen zu laufen."

Seien Sie anders! Schaffen Sie sich selbst Ihre eigene Wahrheit und machen Sie aus Ihrem Leben ein Meisterwerk. Ich wünsche jedem von Ihnen alles Gute und viel Erfolg auf seiner Reise!

Niclas Nadebusch

Danksagung

Viele Menschen haben mich auf meinem Weg positiv beeinflusst, und das Buch ist das Ergebnis vieler wunderbarer Menschen und Eindrücke. Zuallererst wären da meine Eltern, die mir das kostbarste Geschenk gegeben haben. Sie haben mir das Leben geschenkt. Und egal was ich sage, meine Dankbarkeit dafür werde ich nie in Worte fassen können. Es ist das kostbarste und vor allem das größte Geschenk, dass man jemandem geben kann. Meinen Eltern dient auch ein besonderer Dank, denn diese waren Anfangs alles andere als erfreut von dieser Reise. Danke, dass ihr mich trotzdem machen lassen habt und für mich da wart. Danke, dass ihr mir immer die richtigen Werte vermittelt habt und danke, dass ich von euch so viel Liebe bekommen habe! Auch wenn ich sehr anders bin als ihr, und ihr mich oft nicht verstanden habt, habt ihr immer euer aller bestes gegeben mich dennoch bei allem zu unterstützen. Danke dafür! Vom ganzen Herzen möchte ich auch Linn Telker danken, ohne die weder das Buch noch die Reise möglich gewesen wäre. Ohne deine Hilfe wäre ich wahrscheinlich nicht mal zum Frankfurter Flughafen gekommen. Danke für deine ganze Unterstützung bei der Planung und Umsetzung meiner Reise. Ohne dich wäre ich oft verloren gewesen in dieser Zeit, denn du hast mir stets das Gefühl von Sicherheit gegeben. Du hast an mich geglaubt und mir das Gefühl gegeben hat, dass alles seinen Sinn hat. Auch wenn ich mich oft darüber lustig gemacht habe und das nicht hören wollte, hat es mir im Nachhinein betrachtet extrem viel Energie gegeben. Als nächstes möchte ich mich bei Laura Kaltenbach bedanken. Danke, dass ich immer auf dich zählen konnte und danke, dass du immer an mich geglaubt hast. Du musstest einiges mit machen bei der Erstellung dieses Buches und ich bin dir dankbar das du mir so sehr geholfen hast. Du hast das ganze Projekt immer unterstützt, hast mir Energie gegeben, sowie Negative Gedanken abgefangen und dabei einen Großteil deiner Freizeit geopfert um mir zu Helfen. Nicht nur das du meine Rechtschreibung berichtigt hast, du standest auch immer hinter mir und hast mir bei den entscheidenden Fragen geholfen. Das ist nicht selbstverständlich, auch wenn du das jetzt wahrscheinlich sagen wirst. Danke für alles und vor allem dafür das du mir immer Kraft gegeben hast! Die letzte Phase des Buches war die schwierigste und hier möchte ich mich noch ganz besonders bei dir Bedanken Michael, dafür das du mir hier so viel geholfen hast und ebenfalls deine Freizeit für mich geopfert hast. Danke für deine Unterstützung. Meinen aller größten Dank richte ich allerdings an Dhamma Malaya in Kuantan. Dafür, dass Sie mich aufgenommen haben und ich in diese magische Welt eintauchen durfte. Danke, dass ich lernen durfte mich selbst zu verstehen. Danke dafür, dass ich diese Chance bekommen habe die Welt aus einem anderen Blickwinkel zu betrachten. Und danke an die Organisation, dass Sie all das Wissen und die Praktiken kostenfrei weiterhin lehren. Des Weiteren danke ich allen zahlreichen Helfern die an diesem Buch mitgearbeitet haben, und darüber hinaus bin ich auch dankbar für Dich! Dafür, dass du bereit warst in eine andere Welt abzutauchen die auch mir anfangs unbekannt war. Ich hoffe sehr, dass du dein Glück finden wirst und dein Leben zu einem Meisterwerk machst! Ich hoffe dich auch irgendwann mal kennenzulernen und mir deine Geschichte anzuhören. Ich freue mich schon sehr dich wiederzusehen.

Bei Fragen, Anmerkungen oder Kritik melde dich gerne bei mir:

E-Mail: edlestille@yahoo.com

Web: www.niclas-nadebusch.com

Mache aus deinem Leben ein Meisterwerk!

Du willst mehr Erfahren über Vipassana und die Edle Stille?

Alle Seminare und Informationen auf:

Www.niclas-nadebusch.com

Wertvolle Links

Mehr Informationen zu Vipassana:

https://www.dhamma.org/de/index

Vipassana selbst erfahren:

https://www.dhamma.org/de/index

Erfahre mehr über den Autor:

www.niclas-nadebusch.de

Seminare passend zum Buch:

www.niclas-nadebusch.de/seminare

Online-Kurs zum Buch ab 2021:

www.niclas-nadebusch.de

Quellen

https://de.wikipedia.org/wiki/Realit%C3%A4t

https://malaya.dhamma.org/

https://www.dhamma.org/de/index

https://www.gutzitiert.de/

https://www.positiv-magazin.de/?p=107377

https://www.positiv-magazin.de/?p=99047

https://www.aphorismen.de/zitat/3973

https://www.zitate.de/autor/China

http://www.poeteus.de/zitat/Wenn-du-die-Absicht-hast-dich-zu-erneuern-tu-es-jeden-Tag/252

https://lebensfreude-heute.de/den-feind-umarmen-sprichwort-und-filmtipp/

https://www.sasserlone.de/zitat/206/franz.von.assisi/

https://www.aphorismen.de/zitat/18842

http://www.zeit-und-wahrheit.de/gandhi-zitat-wo-liebe-waechst-gedeiht-13290/

https://www.zitate-welt.de/zitate/autor.php?autor=Vinzenz+von+Paul&id=1365

https://www.aphorismen.de/zitat/13185

https://www.klartext-jura.de/2015/05/18/freiheit-und-sicherheit-was-benjamin-franklin-wirklich-sagte/

https://www.aphorismen.de/suche?f_autor=301_Aus+China&f_thema=Liebe

http://zitate.net/freiheit-zitate

Literaturverzeichnis

1:Dhamma Dhamma,
https://www.dhamma.org/en/about/code

2:Wikipedia, Die freie Enzyklopädie
Wikipedia-Autoren, siehe
Versionsgeschichte, , 2019,
https://de.wikipedia.org/w/index.php?
title=Realit%C3%A4t&oldid=203779106